Ehe

Himmlische Atmosphäre in der Familie

Widmung

Ich widme dieses Buch der am meisten geliebten, wunder-
barsten und mir am nächsten stehenden Person: Meiner
Frau, Prinzessin, Freundin und Gefährtin Bose Adelaja.

Sunday Adelaja

Internationale Trainingsschule für Leiter e.V.

History Makers in Deutschland

Postfach 200153
63468 Maintal

Anmeldung unter:

- www.itl-godembassy.de
- omoto@mail.ru
- www.sundayadelaja.de

Impressum

Heavenly Atmosphere in the Family
Sunday Adelaja
© Fares Publishing House 2008

Aus dem Englischen übersetzt von Günter J. Matthia,
im Auftrag von Siegfried Ballentin (www.apundp.de) / History
Makers Frankfurt/Main (www.itl-godembassy.de)

Bibelzitate sind aus der Revidierten Elberfelder Bibel,
© 1985/1999/2006 R. Brockhaus Verlag, Wuppertal über-
nommen, wenn nicht anders vermerkt.

Satz, Layout, Gestaltung: MatMil Translations & Desktop
Publishing, Berlin (www.matmil.de), im Auftrag von Siegfried
Ballentin (www.apundp.de) / History Makers Frankfurt/Main
(www.itl-godembassy.de)

Foto Titelseite: »Couple« von Andreyutzu, Quelle: sxc.hu, Foto
982888, royalty free

© 2011

Herstellung und Verlag:
Books on Demand GmbH, Norderstedt
ISBN 978-3-8423-2839-6

Viele weitere Informationen über die »Botschaft Gottes« und
Pastor Sunday Adelaja im Internet: www.godembassy.org ::
www.pastorsunday.org :: www.sundayadelaja.de

Für Gott ist die Ehe eine Einheit aus zwei Herzen, die eins sein wollen. Es gibt auf dem Weg zu dieser Einheit jedoch allerlei Hindernisse. Die Kenntnis der goldenen Regeln einer glücklichen Familie wird sowohl denen helfen, die heiraten wollen, als auch denen, die bereits verheiratet sind, eine himmlische Atmosphäre in ihrer Familie zu schaffen, die für viele zukünftige Jahre Bestand hat.

Inhalt

Über Pastor Sunday Adelaja und die »Botschaft Gottes«

Pastor Sunday Sunkammi Adelaja wurde in Nigeria geboren. Er wuchs dort in einem traditionell christlichen Elternhaus auf. 1986 wurde er, sechs Monate vor dem Beginn seines Studiums in der ehemaligen Sowjetunion, zum wiedergeborenen Gläubigen.

Er musste in Minsk an der Belarus-Universität als angehender Journalist auch Marxismus-Leninismus sowie die Theorie des Kommunismus und Atheismus studieren. Gottes Plan mit Pastor Sunday sah vor, dass er den Zusammenbruch des Kommunismus miterleben durfte, so dass er seither als helles Licht des Evangeliums in der früheren Finsternis des Atheismus leuchten kann.

1994 wurde er zum Gründer und leitenden Pastor der »Embassy of the Blessed Kingdom of God for All Nations« (Botschaft des gesegneten Königreichs Gottes für alle Nationen) in Kiew, Ukraine. Er ist ein junger, visionärer Leiter mit einer apostolischen Gabe für das 21. Jahrhundert. In seinen 30ger Lebensjahren hat Pastor Sunday sich bereits als einer der dynamischsten Kommunikatoren und Gemeindegründer unserer Generation erwiesen. Er ist als einer der begabtesten Lehrer des Wortes Gottes anerkannt und übt die Gaben des Geistes auf außergewöhnliche Weise aus, vor allem das Wort der Erkenntnis. Seine Lehre und diese Gaben haben erheblich zum rapiden Wachstum seiner Gemeinde beigetragen.

In einer einst vom Evangelium unerreichten Gegend Osteuropas beheimatet, hat diese Gemeinde, die etwa 25.000 Mitglieder zählt, bereits über 400 Tochtergemeinden gegründet, in der früheren Sowjetunion und in anderen Ländern, darunter die Vereinigten Arabischen Emirate, die USA, die Niederlande, Deutschland und Indien. Gott hat den in Afrika geborenen Pastor Sunday mit der Fähigkeit beschenkt, seinen Dienst über Grenzen zwischen Rassen, Kulturen und Denominationen hinaus auszuüben.

Seine Gemeinde in Kiew besteht zu über 90 Prozent aus Europäern, darunter sind Russen, Ukrainer und andere Nationalitäten. Weil das persönliche Wachstum für die Fundamente der Gemeinde so wichtig ist, engagiert sich rund die Hälfte der Mitglieder in ehrenamtlichen Diensten, unter anderem in über 2.000 Hauskreisen.

In den Jahren, seit dieser Dienst besteht, haben über eine Million Menschen ihr Leben an Jesus Christus als ihren persönlichen Herrn und Erretter übergeben.

Der Einfluss von Pastor Sunday in den Bereichen Gemeindewachstum, Gebet und Evangelisation wurde sowohl vom *Charisma Magazin* als auch von anderen christlichen und säkularen Zeitschriften gewürdigt. Die Radio- und Fernsehprogramme der Gemeinde erreichen wöchentlich etwa acht Millionen Menschen in der Ukraine; Millionen weitere Zuhörer und Zuschauer werden über eine wöchentliche Sendung auf TBN und über andere Programme in Europa, Russland und Afrika erreicht. Pastor Sunday war einer der Hauptsprecher des »Global Pastors Network« (Weltweites Pastorennetzwerk), das vom inzwischen verstorbenen Dr. Bill Bright ins Leben gerufen worden war. Die *Stephania Suppenküche* der Gemeinde in Kiew versorgt täglich 2.000 Menschen mit Nahrung und dient durch missionarische Aktionen in Hunderten von Armenvierteln vernachlässigten Kindern. Gott hat das *Love Rehabilitation Center* benutzt, um das Leben von mehr als 3.000 Drogen- und Alkoholsüchtigen anzurühren, wodurch sie frei wurden von den Fesseln ihrer Sucht.

Um das Wirken Gottes von der Ukraine aus in andere Nationen weiterzutragen, hat Pastor Sunday über 90 Bücher geschrieben und tausende von Predigten aufgenommen. Einmal jährlich organisiert er eine Konferenz für Pastoren und leitende Mitarbeiter, an der jeweils über 1.000 Diener Gottes teilnehmen, um das Thema »Pastor sein ohne Tränen« zu studieren. Pastor Sundays Herz brennt dafür, in den Dienern Gottes das Feuer und die Kraft zu entzünden, mit denen sie ihre Städte und Länder verwandeln können. Inzwischen erstreckt sich der apostolische Dienst von Sunday Adelaja weit über die Grenzen der Ukraine hinaus, er ist in vielen Nationen weltweit ein gefragter Sprecher und ein Pastor für Pastoren. Mittlerweile hat er über 40 Länder besucht.

Pastor Sunday ist glücklich mit seiner »Prinzessin« Bose verheiratet, das Ehepaar mit drei Kindern gesegnet, Perez, Zoe und Pearl.

Ein Wort vom Autor

In diesem Buch geht es um Intimität in der Ehe, die Details der geschlechtlichen Vereinigung von Ehemann und Ehefrau werden erläutert. Es gibt jedoch über dieses Gebiet hinaus noch viele andere Aspekte einer intimen Beziehung, die ebenfalls untersucht werden. Ohne sie wäre eine erfolgreiche Ehe unmöglich.

Gott hatte geplant, dass Adam und Eva ausschließlich in der himmlischen Atmosphäre von Eden leben sollten. Doch nach dem Sündenfall war das Leben nicht mehr himmlisch, es gab keine Harmonie mehr in den Beziehungen zwischen den Menschen, auch nicht in den Familien.

Allerdings können wir Gott für Jesus Christus danken, den zweiten Adam, denn er hat für uns die himmlische Atmosphäre des Paradiesgartens wiederhergestellt. Nun können wir durch die Erkenntnis unseres Erretters und durch den Glauben an ihn dieses himmlische Klima wieder in unsere Familien hineinbringen.

Ich bin überzeugt, dass du die Schlüssel für die Fülle, das Glück und die Erfüllung in deinen familiären Beziehungen finden wirst, während du dich in der Weisheit des Heiligen Geistes badest; er ist der eigentliche Autor dieses Buches.

Lies also dieses Buch mit deiner Familie, und du wirst lernen, wie du nach und nach dein Zuhause in ein Paradies auf Erden verwandeln kannst.

Während du durch den alltäglichen Trott des Lebens gehst, wirst du in deinem Herzen Frieden erleben und eine Atmosphäre der Liebe und des vollkommenen Verständnisses für einander in deiner Familie erschaffen. Dein Zuhause kann ein Paradies für dich werden!

Möge der Herr dich segnen!

Sunday Adelaja

Kapitel 1: Wie man eine himmlische Atmosphäre in der Familie erschaffen kann

Im Unverständnis bezüglich der Tatsache, wie wichtig die Ehe ist, liegt die Wurzel jeder unglücklichen Familie. Die Ehe sollte ein Bereich der Ehre sein. Es gab Zeiten, in denen die Männer bereit waren, um ihre Liebste zu kämpfen. Das geschah nicht, um Besitz von ihr zu ergreifen, sondern um ihr Herz zu gewinnen, um ihr Liebe zu beweisen.

Ich weiß nicht, was man dir bezüglich der Ehe an Überzeugungen beigebracht hat (und es kann durchaus sein, dass du auf diesem Gebiet überhaupt noch nichts gelernt hast), aber du solltest wissen, dass die Ehe etwas für ernsthafte, für erwachsene Menschen ist. Die Ehe ist kein Freizeitvergnügen für Jungen und Mädchen. Die Ehe ist kein Kindergartenspiel. Die Ehe ist der Schritt in die Verantwortung hinein; ein Schritt für Menschen, die reif genug sind, in Ehre und Würde eine Ehe zu beginnen.

Wenn du die biblischen Prinzipien der Ehe nie kennengelernt hast, wirst du lernen müssen, in deiner Ehe künftig anders zu leben als bisher. Glaube nicht, dass du »zu alt« bist, um jetzt noch zu lernen, wie das geht. Es gibt so viele Familienkrisen, weil viele Menschen das Konzept der Ehe und der Familie einfach pervertiert haben, da sie kein biblisches Verständnis dafür besitzen, wie eine eheliche Beziehung eigentlich aussehen sollte.

Jemand mag einwenden: *»Aber meine Frau ist es nicht wert, geehrt zu werden.«* Die Frau könnte darauf erwidern: *»Mein Mann wird sich nie ändern.«* Solange du noch heftig darum kämpfen musst, ein ehrbares und anständiges Leben zu führen und dabei großzügig zu sein, lass dir Zeit mit dem Heiraten. Manch einer mag anderer Meinung sein, sogar dazu raten, überhaupt nicht zu heiraten.

Es ist jedoch möglich, in einer Familie himmlische Atmosphäre zu erschaffen. Nimm dir Zeit, die Anweisungen und Vorschläge in diesem Buch zu studieren, sie werden dir dabei helfen.

Sei ein Täter, nicht nur ein Hörer des Wortes, dann wird der Himmel für dich zur Realität, anstatt in deiner Familie ein Mythos zu bleiben. Dein Zuhause muss kein Ort voller Streit, Zank und Zorn sein. Familie soll vielmehr den Himmel auf Erden darstellen.

Ich persönlich möchte nicht die Welt gewinnen und überzeugen, während ich dabei meine Familie verliere. Ich würde sogar die Gemeinde, meinen Dienst und alles andere aufgeben, damit meine Familie erfolgreich ist. Wie könnte ich predigen, wenn zu Hause meine Frau Tränen vergießt? Wie könnte ich andere Menschen unterweisen, wenn es mir nicht gelingt, meine eigene Frau glücklich zu machen? Wenn ich derjenige bin, den Gott dazu gesalbt hat, fremde Menschen glücklich zu machen, wie könnte ich es dann zulassen, dass meine Frau zu Hause leidet und weint?

Diese Welt ist krank, und eines ihrer Leiden ist die Krankheit der Ehen. Wir müssen der Welt Heilung bringen, ihre Krankheiten heilen. Wir müssen auch Ehen heilen. Wir dürfen nicht die »Patienten« in dieser Welt sein. Wir sind berufen, »Ärzte« für diese Welt zu sein, wenn es um Familienangelegenheiten geht. Und genau darum ist es grundlegend wichtig, dass wir die Medizin Gottes zur Heilung der Welt verstehen, Gottes übernatürliche Grundlagen des Lebens und seine Richtlinien für die Ehe.

Man sollte Fragen, bei denen es um die Ehe geht, ernst nehmen. Wenn du nämlich in deiner Ehe unglücklich bist, wirst du auch nirgends sonst Glück finden. Es kommt nicht auf deinen sozialen Stand an, es spielt auch keine Rolle, welche Funktion du beruflich ausübst oder wie viel Geld auf deinem Bankkonto liegt. Wenn du nach Hause kommst und dort nur Streit und Zank mit deinem Ehepartner erlebst, wirst du auch überall sonst ein unglücklicher Mensch sein.

Respekt

1. Timotheus 3, 4
... der dem eigenen Haus gut vorsteht ...

Ihr müsst miteinander respektvoll umgehen. Es mag durchaus schwerfallen, anständig, ehrlich, ernsthaft und gerecht vor sich selbst und vor denen zu sein, die uns nahe stehen. Ich sage jedoch immer, dass ein Mensch lediglich eine falsche Fassade aufrecht erhält, wenn er mit den Menschen in seinem beruflichen Umfeld wunderbare Beziehungen pflegt, in der Familie aber nur Streit vorfindet. Dein wahrer Charakter ist der, den du zu Hause zeigst.

Deinen Familienmitgliedern solltest du immer mit Achtung begegnen. Lerne es, deinen Ehepartner zu ehren. Ich ehre und respektiere meine Frau mehr als alle anderen Menschen. Meine Frau ist mir wertvoller als irgend jemand sonst. Wenn du deine Familie respektierst, dann wirst du auch anderen Menschen Achtung entgegenbringen, mit denen du es auf der Straße oder am Arbeitsplatz zu tun hast. Selbst wenn dein Ehemann Alkoholiker ist, solltest du ihn respektvoll behandeln.

Die allererste und grundlegende Ebene jeder ehelichen Gemeinschaft ist gegenseitige Achtung. Das ist die wichtigste Voraussetzung, um eine himmlische Atmosphäre in deine Familie zu bringen. Aber wie kannst du sicherstellen, dass du deinen Ehepartner ehrst?

Menschen, die einander achten und ehren, werden niemals ihre Stimme gegen einander erheben, weder zu Hause, noch unterwegs. Es gibt Ehepaare, die sich in der Öffentlichkeit nichts oder kaum etwas zu sagen haben, aber sobald sie keine Ohren- und Augenzeugen haben, schreien sie einander an. Wenn du deinen Partner wirklich achtest, wird das nie der Fall sein.

Brülle niemals deinen Mann / deine Frau an, egal, was auch vorgefallen sein mag! Wenn du diese Schwelle einmal überschritten hast, dann kann es jahrelanger harter Arbeit bedürfen, um den Vorfall in Ordnung zu bringen, die Wunde zu heilen. Anders ausgedrückt: Ein einziger Fehler vermag solche Schmerzen zuzufügen, dass deine Lebens-zeit nicht ausreicht, um Heilung zu bewirken. Daher ist es besser, das von vorne herein zu unterbinden.

Einsicht

1. Petrus 3, 7

Ihr Männer ebenso, wohnt bei ihnen mit Einsicht als bei einem schwächeren Gefäß, dem weiblichen, und gebt ihnen Ehre als solchen, die auch Miterben der Gnade des Lebens sind, damit eure Gebete nicht verhindert werden!

Was bedeutet das Wort »Einsicht«? Es beinhaltet »Verständnis« und »Anerkennung«. Mann und Frau sollen einander verstehen und wertschätzen, was nichts anderes heißt, als sich in die Person des Ehepartners hineinzuversetzen. Versuche, seine / ihre Gefühle zu verstehen, das Verhalten, die Handlungen. Eine solche Haltung wird himmlische Atmosphäre in deiner Familie bewirken. Du solltest deinem Ehepartner immer die Gunst des Zweifels erweisen: Was, wenn *ich* mich geirrt habe? Wenn *ich* die Situation missverstanden habe? Was, wenn ...? Indem du solche Zweifel zulässt, wirst du viele falsche Schlussfolgerungen von vorne herein vermeiden. Und wenn du einen Fehler gemacht hast, dann solltest du immer der / die erste sein, um Entschuldigung zu bitten. Immer! Was heißt *immer*? Das heißt, dass es keine Rolle spielt, ob du recht hast oder nicht.

Doch meistens ist in den Familien das Gegenteil der Fall. Die Frau sagt: »*Er war im Unrecht, er hat mich verletzt, er sollte derjenige sein, der sich entschuldigt!*« Und gleichzeitig denkt der Mann: »*Sie sollte sich jetzt endlich entschuldigen!*« Wenn jedoch die Weisheit Gottes in deinem Leben vorhanden ist, dann weißt du, dass Friede in der

Familie viel mehr wert ist als die Frage, wer im Recht oder im Unrecht war. Es ist besser, Frieden in der Familie zu erleben, als zu beweisen, dass man recht hatte. Das Wichtigste im Familienleben ist der Friede; wenn der vorhanden ist, kann man ruhig und sanft alle auftretenden Probleme angehen.

> *1. Petrus 3, 7*
> *Ihr Männer ebenso, wohnt bei ihnen mit Einsicht als bei einem schwächeren Gefäß, dem weiblichen, und gebt ihnen Ehre als solchen, die auch Miterben der Gnade des Lebens sind, damit eure Gebete nicht verhindert werden!*

Gott sagt, dass Unfriede und Mangel an Verständnis für einander in deiner Familie Hindernisse für das Gebet sind. Wenn es in deiner Familie Konflikte gibt, dann bewirkt dein Gebet nichts.

Ich kenne etliche Geschwister im Herrn, die unmittelbar nach einem Streit mit ihrem Ehepartner zum Gebetsabend in die Gemeinde eilen würden. Wenn es ein Problem oder einen Konflikt im Familienleben gibt, dann ist es jedoch sinnlos, zu beten. Du hast nämlich mit deinem Handeln bereits ein Hindernis aufgerichtet, das deinen Gebeten im Wege steht. Die Familie ist aus der Sicht Gottes so wichtig, dass er sogar unsere Gebete unbeachtet lässt, wenn wir keinen Frieden schließen, wenn wir die Liebe in unserer Familie nicht aktiv bewahren.

Du solltest niemals jemandem etwas nachtragen oder Verbitterung im Herzen behalten. Jesus sagte: *»Die Sonne* *gehe nicht unter über eurem Zorn!«* Wenn du jemandem etwas nachträgst, dann entsteht eine Barriere zwischen euch beiden. Sie wirkt wie eine Mauer. Und zwar nicht nur wie eine Mauer zwischen dir und deinem Ehepartner, sondern auch zwischen dir und Gott. Groll, Verbitterung und Unversöhnlichkeit in der Familie verschließen dir zwangsläufig den Himmel. Wenn du aber auf diesem Gebiet siegst, dann wird deine Familie von einer himmlischen Atmosphäre erfüllt.

Verbitterung

Kolosser 3, 19
Ihr Männer, liebt eure Frauen und seid nicht bitter gegen sie!

Verbitterung entsteht in unserem Leben und in unseren Beziehungen, wenn Vorwürfe gemacht werden. Anklagen und Misstrauen sind Werke des Teufels. Du darfst nie deinem Mann oder deiner Frau misstrauen! Die Liebe misstraut nicht, sie klagt nicht an, sondern sie vertraut. Vertraue deiner Frau, deinem Mann! Gott sagt: *»Liebt einander und seid nicht bitter!«* Seid für einander offen, und euer Haus wird zum Himmel, der euch Freude und Glück beschert.

Dein Mann, deine Frau muss der eine und einzige Mensch sein, der dich erregt und anzieht. Ehepartner sollen einander Freude machen, mehr als irgend eine andere Person auf der Welt, von Gott abgesehen. Sie müssen für einander die Quelle der tiefsten Befriedigung sein. Manche Menschen haben ihre Arbeit zur Quelle ihrer Befriedigung gemacht. Andere nehmen das Fernsehen oder ihren

Freundeskreis oder Fußball. Verbringe lieber mehr Zeit mit deinem Ehepartner, gib dir Mühe mit der Entwicklung eurer Beziehung. Es wird gar nicht lange dauern, bis du eure eheliche Gemeinschaft allen anderen Aktivitäten vorziehst, weil sie dir viel mehr Genuss verschafft.

Eine erfolgreiche Ehe bedeutet harte Arbeit. Ohne echte Mühe geht es nicht! Du musst daran arbeiten, eine glückliche Familie aufzubauen; das wird nicht von ganz alleine ein Erfolg. Deine Familie muss die wichtigste Quelle deiner Inspiration sein. Mach deine Familie zum Höhepunkt deines täglichen Lebens, dann kannst du dich einen glücklichen Menschen nennen.

Wenn deine Arbeit das Wichtigste im Leben ist, deine Quelle der Inspiration, was passiert dann, wenn du gekündigt wirst oder dein Geschäft zusammenbricht? Niemand ist vor dem Bankrott sicher. Du könntest (Gott bewahre dich davor!) auch einen Herzinfarkt erleiden, schwer erkranken … viele andere schlimme Dinge können passieren. Deinen Arbeitsplatz wird es weiter geben, aber jemand anderer hat ihn bekommen! Das Geld wird dir ausgehen und deine Freunde kommen nur noch ab und zu mal zu Besuch (falls es echte Freunde sind).

Das Fernsehprogramm wird dir nichts mehr bedeuten. Das einzige, was dir wirklich bleibt, ist deine Familie. Egal wie »schlecht« dein Ehepartner sein mag, er beziehungsweise sie wird immer der Mensch sein, der bis zuletzt zu dir hält. Deine Familie ist tatsächlich das einzig Wertvolle, was du hast. Wenn du das nicht verstehst, solange alles gut geht und rund läuft, dann kann es sein, dass du es erst durch

Schmerz und Leiden begreifen wirst. Das muss aber nicht sein! Deine Familie sollte schon jetzt deine Quelle der Inspiration, der Freude und des Glücks sein. Das wird dir helfen, Erfüllung zu finden und erfolgreich zu werden, und es wird dich vor vielen Schwierigkeiten bewahren.

Möge Gott immer die erste Stelle in deinem Leben einnehmen, direkt gefolgt von deiner Familie. Sie muss dir wichtiger sein als dein Arbeitsplatz! Sie muss dir wichtiger sein als der Freundeskreis! Sie muss dir wichtiger sein als dein Dienst in der Kirche oder Gemeinde! Ehre deine Familie, und Gott wird dich ehren. Er wird deinen Dienst sogar um so mehr segnen.

Verbringe deine Abende nicht irgendwo anders, komm nicht nur zum Übernachten nach Hause. Sei lieber so rechtzeitig bei deiner Familie, dass du noch Zeit mit ihr verbringen kannst. Mach die Familie zu deinem »Nest«. Wenn du später als gewohnt nach Hause kommen wirst, dann solltest du rechtzeitig anrufen und deine Frau und Kinder informieren, dass du dich verspätest. Lass sie wissen, wo du bist, wie sie dich notfalls erreichen können. Wenn deine Familie wirklich dein »Nest« ist, dann wirst du nicht vergessen, dass Vögel nachts nicht herumfliegen, sondern friedlich im Nest vereint schlafen.

Ich bete darum, dass jeder Leser dieses Buches einen Hunger nach himmlischer Atmosphäre in seiner Familie entwickelt, und weil Gott das Sehnen deines Herzens sieht, wird er dir helfen, in deiner Ehe glücklich zu sein. Er wird dir zeigen, wie du deinen Partner glücklich machen kannst. Er wird deine Gefühle frisch erhalten, er wird es nicht zulassen, dass die Leidenschaft deiner Empfindungen abkühlt. Er wird es nicht zulassen, dass das Feuer in deinem Herzen, das er selbst entzündet hat, als du zum Traualtar gegangen bist, erlischt.

Kapitel 2: Ehe aus der Sicht Gottes

Lieber Leser, ich bete, dass der Herr deine geistlichen Augen öffnet, damit du deine Ehe aus der Perspektive Gottes betrachten kannst. Dass er dein Herz öffnet, damit du die Segnungen in Empfang nehmen kannst, die er für dich bereit hält, damit dein Leben zu seiner Ehre verbessert wird.

> *1. Mose 2, 18; 21-24*
> **Und Gott, der HERR, sprach: Es ist nicht gut, dass der Mensch allein sei; ich will ihm eine Hilfe machen, die ihm entspricht. Da ließ Gott, der HERR, einen tiefen Schlaf auf den Menschen fallen, so dass er einschlief. Und er nahm eine von seinen Rippen und verschloss ihre Stelle mit Fleisch; und Gott, der HERR, baute die Rippe, die er von dem Menschen genommen hatte, zu einer Frau, und er brachte sie zum Menschen. Da sagte der Mensch: Diese endlich ist Gebein von meinem Gebein und Fleisch von meinem Fleisch; diese soll Männin heißen, denn vom Mann ist sie genommen. Darum wird ein Mann seinen Vater und seine Mutter verlassen und seiner Frau anhängen, und sie werden zu einem Fleisch werden.**

Die Ehe ist ein großer Segen vom Herrn. Er ist der Erfinder der ehelichen Beziehung. Es war nicht der Mensch, der die Entscheidung traf, dass es nicht gut sei, alleine zu sein, sondern der Schöpfer war es. Gott erschuf eine Gehilfin, die Adam ähnlich war und nannte sie Eva.

Wenn wir also etwas über die Ehe wissen wollen, dann müssen wir uns an Gott wenden. Wenn wir uns danach sehnen, unser Familienleben in Ordnung zu bringen, müssen wir Hilfe beim Initiator und Erfinder der Ehe suchen, bei unserem Schöpfer. Er wird uns lehren, wie man rechtschaffen lebt und eine erfolgreiche Familie hat.

Schon bevor Gott uns erschuf, wusste er alles über die Familie und das Familienleben. Der Mensch ist nach dem Bilde Gottes erschaffen, ihm ähnlich. Auch dem Menschen wurde die Fähigkeit verliehen, etwas zu erschaffen. Daher wollen wir uns anschauen, wie der Mensch schöpferisch tätig werden kann.

Ein Kunstmaler beispielsweise weiß bereits, was er malen möchte, bevor er tatsächlich mit Farbe und Pinsel arbeitet. Er hat eine Vision in seinem Herzen, wie das fertige Bild aussehen wird. Wir können als Zuschauer noch nichts erkennen, aber der Künstler sieht in seiner inneren Vision bereits das komplette Bild.

Ein Techniker, der eine Maschine bauen will, hat bereits die vollständige Struktur in seinem Kopf. Er weiß auch, unter welchen Bedingungen seine Maschine die besten Resultate erzielen wird. Daher schreibt er eine Gebrauchsanweisung für jeden, der das Gerät später kaufen wird.

Wie viel mehr wusste Gott, worauf er abzielte, als er die Familie erschuf! Er konnte alle seine Geschöpfe bereits sehen, noch bevor er sprach: »Es werde ...!« Alle seine Werke waren durchdacht und jedes Detail sorgsam geplant. Gott kennt vom Anfang her das Ende. Daher existierten alle Dinge, die der Allmächtige erschuf, schon im geistlichen Bereich, bevor sie im natürlichen Bereich sichtbar wurden.

Schon vor der Erschaffung des Menschen wusste Gott, dass das menschliche Leben ohne Familie minderwertig wäre. Er sah bereits das Ergebnis seines Planes. Gott ist der einzige, der das Geheimnis kennt, wie man zu einer glücklichen Familie kommt. Er weiß, wozu das Familienleben dient und er verfolgt damit bestimmte Absichten.

Gott wusste, was Eva von der Beziehung haben sollte. Er wusste auch, was das Familienleben für Adam bewirken sollte. Gott wollte nicht, dass die Menschen von seinen Anweisungen abweichen. Es war nicht so, dass Adam und Eva Gott etwas über das Familienleben beibringen konnten. Das Geschöpf kann nicht den Schöpfer belehren! Gott hatte nicht die Absicht, uns zu seinen Beratern bezüglich des Lebens zu machen.

Es war nicht der Mensch, der das Familienleben erschaffen hat, daher sollten wir uns auch nicht auf Fernsehsendungen, Filme, Zeitungen und Zeitschriften verlassen, wenn wir korrekte Instruktionen für unsere Familie und das Intimleben suchen.

Wir können uns auch nicht auf den Rat von Freunden stützen. Wir müssen uns auf den einzigen echten Tröster und Lehrer verlassen. Er ist derjenige, der den Menschen erschaffen und ihm die Familie, die Gabe des Lebens geschenkt hat. Außerdem hat Gott uns mit einem wunderbaren Handbuch für das Leben versorgt, mit der Bibel!

Aus irgendwelchen Gründen scheuen viele Prediger davor zurück, über körperliche Intimität zu sprechen. Selbst Ehepaare reden nicht ausreichend darüber.

Wir wollen einmal schauen, was die Bibel über intime Beziehungen sagt, ob sie irgendwelche direkten oder zumindest indirekten Instruktionen zum Thema bereit hält. Wir fangen mit dem Matthäusevangelium an:

> *Matthäus 19, 3-4*
> **Und Pharisäer kamen zu ihm, versuchten ihn und sprachen: Ist es einem Mann erlaubt, aus jeder beliebigen Ursache seine Frau zu entlassen? Er aber antwortete und sprach: Habt ihr nicht gelesen, dass der, welcher sie schuf, sie von Anfang an als Mann und Frau schuf ...**

Jesus beantwortete die Frage, ob ein Mann sich von seiner Frau scheiden lassen darf, weder mit einem Ja noch mit einem Nein. Dadurch machte er den Menschen deutlich, dass dies keine Frage war, die eine Antwort verdiente. Er sagte zu ihnen: **»Habt ihr nicht gelesen, dass der, welcher sie schuf, sie von Anfang an als Mann und Frau schuf?«** Siehst du, was der Herr hier betont? Gott erschuf ein Ehepaar, Mann und Frau. Die Definition des Wortes »Paar« lautet: »Zwei ähnliche Objekte, die zusammen benötigt werden, damit ein gemeinsames Ganzes entsteht.« Das Leben eines Alleinstehenden kann daher nicht als vollkommen betrachtet werden.

Es steht geschrieben, dass Gott den Mann in einen tiefen Schlaf fallen ließ und ihm aus seiner Rippe eine Frau erschuf. Das will uns etwas sagen. Allzu oft meinen wir, dass unsere Ehe nichts als ein Zufall sei. Doch nichts in dieser Welt geschieht zufällig, und die unsichtbare Hand Gottes hat dich auch mit deinem Mann, deiner Frau und euren Kindern als Familie zusammengebracht. Selbst wenn du geheiratet hast, bevor du dein Leben Christus übergeben hast, wusste Gott bereits vorher, dass du errettet werden wirst. Er kannte das Ziel deines Lebens, er wusste, dass eine Person wie dein Ehepartner dir dabei helfen würde, dieses Ziel zu erreichen, und zwar auf die bestmögliche Weise.

Es ist auch kein Zufall, dass die Frau aus der Rippe erschaffen wurde, aus einem Teil des Körpers ihres Mannes. Wenn du einen Ehepartner auswählst, dann ist es von größter Wichtigkeit, dass du dabei vom Willen Gottes geleitet wirst und nicht von der Lust deiner Augen oder anderen Motiven, damit du nicht, was Gott verhüten möge, die »Rippe eines fremden Menschen« wählst. Du solltest die Person finden, die zu dir gehört, die dich perfekt vervollkommnet.

Ich will dir ein Beispiel dazu geben: Wenn du genügend Stoff hast, um ein Kleid herzustellen, und du versuchst dann, daraus zwei Kleider zu schneidern, dann wirst du keines von beiden tragen können. Ich glaube kaum, dass sie dir passen würden.

Wenn ein Mann sich scheiden lässt und dann eine andere Frau heiratet, dann ist das so, als wäre nicht eine einzige, sondern mehrere Frauen aus seiner Rippe erschaffen worden. Und wenn eine Frau mehrere Männer heiratet, dann ist das wie die Rippen aus vielen Körpern, nicht aus einem. Daher machte Jesus deutlich, wie dumm es ist, sinnlose Fragen wie diese zu stellen: »*Soll man sich scheiden lassen oder nicht?*« Oder: »*Wie oft darf man heiraten, wie viele Frauen darf ein Mann haben?*« Gottes Plan war immer ein Ehemann und eine Ehefrau, denn er hat Mann und Frau erschaffen. Mir ist klar, dass viele von uns diesbezüglich kein Verständnis hatten, als sie in der Welt lebten, und daher haben wir gesündigt. Doch das ändert nichts daran, dass Mann und Frau nur einen Ehepartner im gesamten Leben haben sollen. Das ist Gottes Wille in dieser Frage.

Wir haben kein Recht, Ehebruch zu begehen, weil eine intime Beziehung (also Sex) den Austausch von Blut beinhaltet. Du teilst nicht nur dein Fleisch mit deinem Ehepartner, sondern auch dein Blut, in dem das Leben ist. Die Bibel sagt, dass das Leben im Blut ist, und deshalb warnt uns Gott, indem er sagt, dass derjenige, der mit einer Hure schläft, mit ihr eins wird. Wenn du mit deinem Ehepartner Sex hast, dann werden eure beiden Leben so tief miteinander verbunden, dass ihr zu einem Fleisch werdet.

Nun verstehst du, warum es für Verheiratete so gefährlich ist, Geschlechtsverkehr mit jemandem zu haben, der nicht der Ehepartner ist. Das ist Untreue nicht nur deinem Lebenspartner, sondern auch Gott gegenüber. Es bedeutet, dass du fremdes, unreines Blut, belastet mit allerlei Flüchen, Krankheiten und Sünden, in deine Familie bringst, und damit auch auf dich selbst. O, möge Gott sich erbarmen!

Unzucht und Ehebruch führen auf der ganzen Welt zum vielfachen Tod durch Aids. Wenn du in deiner Vergangenheit auf diesem Gebiet gesündigt hast, dann preise Gott dafür, dass du jetzt dem Herrn dienst. Er vergibt, reinigt und vergisst unsere Sünden. Er kannte jeden von uns, noch bevor wir uns bekehrt haben. Er sah, wie wir seine Gebote übertraten, und dennoch reinigte er uns und vergab uns unsere Schuld. Wie viel schrecklicher ist es, in die Sünde der Unzucht und des Ehebruches zu fallen, nachdem wir vom Vater Vergebung empfangen haben, vom Blut seines eingeborenen Sohnes reingewaschen wurden!

Matthäus 19, 5
... und sprach: Darum wird ein Mensch Vater und Mutter verlassen und seiner Frau anhängen, und es werden die zwei ein Fleisch sein ...

Gott hat Mann und Frau ausschließlich für einander erschaffen, und Gott hat die Vereinigung von Mann und Frau in alle Ewigkeit versiegelt. Daran solltest du denken! Es ist eine so ernste Angelegenheit, dass Gott ein Ehepaar sogar auffordert, die eigenen Eltern zu verlassen. Das bedeutet, dass andere Männer und Frauen in dieser Einheit der Ehe noch nicht einmal erwähnt werden dürfen.

Dieser Bibelvers beschreibt eines der Prinzipien der Ehe. Du sollst deinen Mann / deine Frau so sehr achten, dass du bereit bist, alles auf dieser Welt um des Partners willen zu verlassen, alles außer Gott.

Ehe ist die von Gott geheiligte Einheit. Ehemann und Ehefrau müssen von allem, was sie gewohnt sind (Freunde,

Familie ...) abgetrennt werden, denn nur dann werden sie die Fülle des Segens Gottes empfangen, die Gott ihrer Ehe vorausbestimmt hat.

Ehe heißt nicht nur, die selbe Wohnung zu teilen, das Geld, die Probleme, die Freude und das Bett; Ehe bedeutet, dass ihr beide ein Fleisch werdet.

Es gibt verschiedene Arten der Beziehungen zwischen Männern und Frauen. Es gibt Beziehungen zu Kollegen, Bekannten, Freunden. Dein Ehepartner sollte unbedingt auch dein engster Freund sein. Doch unter all diesen verschiedenen Beziehungsebenen ist es nur der intime Verkehr eines Ehepaares, der aus zwei Menschen ein Fleisch macht.

Wenn ihr durch die heilige und wunderbare Gabe Gottes der intimen Vereinigung zu einem Fleisch geworden seid, dann gibt es keine Grenzen für die Einheit in anderen Bereichen des Familienlebens. Gibt es irgend etwas, was dich daran hindert, deine Frau so zu lieben, wie Christus seine Gemeinde liebt? Gibt es irgend etwas, was dich daran hindert, deinem Ehemann gehorsam zu sein, so wie die Gemeinde Christus gehorsam ist? Gibt es irgend etwas, was dich daran hindert, die Einheit und den Frieden in deiner Beziehung zu erhalten, Freude und Leid miteinander zu tragen?

Was könnte jemals einen Mann seiner Frau entfremden, wenn beide die Intimität der ehelichen Vereinigung erlebt haben? Beachte dies: Diese Idee der Intimität war im Herzen Gottes, als er die ehelichen Beziehungen erschuf.

1. Mose 2, 25
Und sie waren beide nackt, der Mensch und seine Frau, und sie schämten sich nicht.

Die Bibel sagt, dass Adam und seine Frau nackt waren, und sich dennoch nicht schämten. Manche, die diesen Bibelvers lesen, meinen, dass Adam und Eva sich nicht schämten, weil die Herrlichkeit Gottes sie bedeckte, so dass sie einander nicht sehen konnten.

Ich glaube jedoch, dass Adam und Eva sehr wohl etwas sahen, dessen sie sich hätten schämen können, andernfalls wäre der ganze Satz **»Und sie waren beide nackt, der Mensch und seine Frau, und sie schämten sich nicht«** überflüssig. Sie hatten eine intime Beziehung, da sie rechtmäßig verheiratet waren, und daher schämten sie sich nicht, einander nackt anzuschauen.

Nacktheit ist symbolisch für Offenheit und hundertprozentiges Vertrauen zwischen Mann und Frau. Wenn beide nackt und für einander offen sind, dann werden sie in der Lage sein, gemeinsam alles zu meistern, was ihnen im Leben begegnet.

1. Korinther 7, 1-2
Was aber das betrifft, wovon ihr mir geschrieben habt, so ist es gut für einen Menschen, keine Frau zu berühren. Aber wegen der Unzucht habe jeder seine eigene Frau, und jede habe ihren eigenen Mann.

Der erste Vers dieser Bibelstelle richtet sich an jemanden, der unverheiratet ist. Die Gläubigen in Korinth wollten wissen, wie eine integre Beziehung zwischen einem jungen Mann und einer jungen Frau aussehen soll. Die Bibel sagt: Wenn er nicht verheiratet ist und sie, die junge Frau, auch nicht, dann wäre es gut für die beiden, nicht nur privaten Treffen und Geschlechtsverkehr aus dem Weg zu gehen, sondern es wäre für einen jungen Mann besser, noch nicht einmal eine Frau anzurühren.

Und was ist mit denen, die verheiratet sind? Im zweiten Vers steht: **»Aber wegen der Unzucht habe jeder seine eigene Frau, und jede habe ihren eigenen Mann.«** Beachte, dass die Bibel nicht sagt: »...habe jeder seine eigenen Frauen, und jede habe ihre eigenen Männer.« Du hast nur das Recht, einen einzigen Ehepartner zu haben, der zu dir gehört.

Viele Menschen haben diese Gebote bereits gebrochen, bevor sie Gott kennen lernten. Wenn du nicht Buße tust und Gottes Vergebung empfängst, wird diese Sünde Auswirkungen auf dich haben, auf deinen Ehepartner (den du schon hast oder haben wirst) und auf deine Familie. Diese Sünde wird sich einfach fortsetzen und dich verfolgen. Es wird in deiner Familie keine tiefe Befriedigung, keine Ordnung geben, weil du Gottes Gesetz bezüglich der Beziehung zwischen Mann und Frau gebrochen hast.

Gottes Plan war, dass Ehemann und Frau einander gehören. Er möchte, dass ihre Beziehung immer rein bleibt, frei von Ehebruch und Unzucht, weil dadurch die eheliche Beziehung besudelt würde.

1. Korinther 7, 3-5

Der Mann leiste der Frau die eheliche Pflicht, ebenso aber auch die Frau dem Mann. Die Frau verfügt nicht über ihren eigenen Leib, sondern der Mann; ebenso aber verfügt auch der Mann nicht über seinen eigenen Leib, sondern die Frau. Entzieht euch einander nicht, es sei denn nach Übereinkunft eine Zeit lang, damit ihr euch dem Gebet widmet und dann wieder zusammen seid, damit der Satan euch nicht versuche, weil ihr euch nicht enthalten könnt.

In diesem Abschnitt können wir zwei ausschlaggebende Punkte sehen:

Erstens ist es gegen das Gesetz, wenn wir in eine enge Beziehung zu jemandem des anderen Geschlechtes treten, falls wir mit dieser Person nicht rechtmäßig verheiratet sind.

Zweitens sollte die Frau sich nicht weigern, Sex mit ihrem Mann zu haben und der Mann sollte sich nicht weigern, Sex mit seiner Frau zu haben.

Warum ist Intimität vor der Ehe verboten? Warum ist Sex nur in der Ehe erlaubt?

Die Schrift sagt, dass der Mensch keine Autorität über sich selbst hat. Es gibt einen, der Himmel und Erde und alle Fülle darin erschaffen hat (Psalm 24,1). Die Fülle schließt auch den Menschen ein. Wir gehören dem Herrn. Daher gehört auch unser Fleisch, unser Körper dem Herrn. Wir finden weitere Ausführungen zu diesem Gedanken im ersten Brief an die Korinther (Kapitel 3, 16; 6, 19). Unser Körper ist der Tempel Gottes, er ist die »**Wohnung**« des Geistes Gottes.

Bevor ein Mensch heiratet, hat er nur diesen einen Herrn über seinen Geist, seine Seele und seinen Körper. Doch da Gott die Institution der Ehe eingerichtet hat, lässt er es zu, dass der Mann eine Frau braucht, die Frau einen Mann. Unser Schöpfer wusste, dass wir einander nicht nur mit der Seele und dem Geist brauchen würden, sondern auch mit dem Körper. Daher sagte er, dass die beiden ein Fleisch werden sollten. Er wollte, dass sich die von ihm erschaffene Beziehung auch zwischen zwei Körpern abspielen sollte. Sein Schöpfungsplan zielte darauf ab, alle Bedürfnisse eines Mannes und einer Frau zu erfüllen, sowohl im Geist, als auch in der Seele und mit dem Körper.

Es gibt eine Zeremonie, die wir Hochzeit nennen. Die Eheschließung wird in ein öffentliches Register eingetragen und in Form einer kirchlichen Hochzeit gefeiert. Was hat es mit dieser Zeremonie auf sich, und warum ist es aus der Sicht Gottes illegal, wenn zwei Menschen ohne diese Zeremonie zusammen leben? Warum sagen wir, dass Menschen, die ihre Eheschließung nicht amtlich registrieren ließen und den Segen der Eltern nicht empfangen haben, gesetzlos sind, und dass der Segen Gottes nicht auf ihnen liegt?

Die Hochzeitszeremonie ist nicht nur für die Gesellschaft, in der wir leben, wichtig, sondern sie ist auch eine rechtsverbindliche und wichtige Zeremonie in den Augen Gottes.

Die Bibel sagt, dass der Körper nicht für sexuelle Unmoral da ist, und dass unsere Heiligung der Wille Gottes ist. Wenn wir Buße tun und Jesus Christus als den Herrn unseres Lebens annehmen, sollen wir unser Ich ihm widmen und in Reinheit vor ihm leben. Während der Hochzeitszeremonie überträgt Gott einen Teil des Rechtes und der Autorität, die er über den Menschen hat, an den Ehepartner. Anders ausgedrückt: Wenn ich zu 100 Prozent Gott gehöre, wenn er alle Herrschaft über mein Fleisch hat, dann delegiert er einen Teil dieser Autorität bei der Hochzeit an meine Frau. Gleichermaßen wird der Herrschaftsanspruch, den Gott als Herr und Erretter über eine Frau hat (auch über ihren Körper), bei der Hochzeitszeremonie teilweise an den Ehemann übertragen. Bei der Heirat fügt Gott zwei Menschen zu einer Einheit zusammen und übergibt Autorität an Ehemann und Ehefrau. Ab diesem Moment redet man davon, dass ein Mensch rechtmäßig in den Ehestand getreten ist und in einer rechtmäßigen Ehe lebt.

Mann und Frau, die unverheiratet zusammen leben, brechen nicht nur ein menschliches Gesetz, sondern sie sündigen auch gegen ihren Schöpfer. Es mag jemand einwenden: *»Aber unsere Beziehung tut niemandem weh, meiner Lebensgefährtin ist es so recht und mir auch!«* Begreife, dass du dieses Buch nicht zufällig liest, denn es gibt den Einen, der dich berufen hat und vor dem du Rechenschaft ablegen wirst. Dort wird dich kein Rechtsanwalt vertreten, das ist eine Sache zwischen Gott und dir. Gegen Gottes Autorität wirst du nicht argumentieren können, denn ihm gehört jegliche Herrschaft über dein Leben.

Oft meint man, etwas aus eigener Kraft geschafft zu haben. Doch bald erkennt man dann, dass man gar nichts damit zu tun hatte. Man kann nur etwas erreichen, wenn Gott die Kraft dazu verleiht.

1. Korinther 7, 3
Der Mann leiste der Frau die eheliche Pflicht, ebenso aber auch die Frau dem Mann.

In diesem Vers aus der Schrift geht es um sexuelle Beziehungen. Der Mann muss seiner Frau die eheliche Pflicht leisten, die ihr zusteht, und genauso muss die Frau ihrem Mann gewähren, was ihm zusteht, weil beide keine Autorität mehr über den eigenen Körper haben. *»Nein, warte, ich will noch eine Weile fernsehen ...«* sagt der nicht allzu kluge Mann, der nicht verstanden hat, worum es beim Familienleben geht. Wenn er das Wort Gottes kennen würde, dann könnte er es nicht wagen, sich so zu verhalten. Der Ehemann besitzt nicht mehr die Verfügungsgewalt über seinen Körper, denn der gehört seiner Frau, und genauso gehört der Körper der Frau ihrem Mann, und deshalb haben beide kein Recht, den Ehepartner abzuweisen.

Viele Frauen werfen ihren Männern vor, sie seien zu fordernd. Wenn dein Ehemann so ist, dann bete zu Gott, dass er dich stärkt, denn es war Gott, der festgelegt hat, dass du dich deinem Mann nicht verweigern darfst. Wenn du nicht in Stimmung für Intimität bist oder wenn ein echtes Problem vorliegt, dann solltest du deinem Mann höflich erklären, warum du in diesem Moment keinen Sex möchtest. Seid vor einander offen und ehrlich.

Wenn du diese grundlegenden Regeln verstehst, dann wirst du vielen Problemen und Missverständnissen im Familienleben aus dem Weg gehen.

Es fällt vielen Menschen schwer, über intime Dinge zu sprechen. Sie bauen darauf, dass sie schließlich im Himmel ein klares Bild diesbezüglich haben werden. Das trifft zwar zu, aber wir werden uns verändern, bevor wir in der Ewigkeit ankommen. Unsere Körper werden zwar noch erkennbar sein, aber es wird qualitative Veränderungen geben. Anders ausgedrückt: Unser Aussehen wird das gleiche bleiben, aber unsere Bedürfnisse werden sich verändert haben: Es wird kein sexuelles Verlangen im Himmel geben. Gott hat es uns für die Zeit auf dieser Erde geschenkt, und wenn du es jetzt nicht benutzt, dann wird es dort zu spät sein.

Aufgabe

Für die Frau: Vervollständige die folgenden Sätze, beschreibe deine Bedürfnisse ganz spezifisch:

1. Wenn ich weine, möchte ich, dass mein Mann ... (Was wünschst du dir?)
2. Ich liebe es, wenn mein Mann Interesse an mir zeigt und sich mir in der folgenden Weise widmet: ... (Beschreibe das Verhalten.)
3. Mein Mann würde mein Verlangen nach Kommunikation auf eine tiefere und persönlichere Weise erfüllen, wenn er ... (Was muss geschehen, damit er das tut?)
4. Ich hätte es gerne, dass mein Mann mein Selbstbewusstsein stärkt, indem er ... (Sei präzise.)
5. Mein Mann sollte meine weibliche Intuition respektieren. ... (Auf welche Weise?)
6. Wenn ich am prämenstruellen Spannungssyndrom leide oder Menstruationsschmerzen habe, dann sollte mein Mann ... (Was sollte er tun?)
7. Ich möchte, dass mein Mann auf folgende Weise mehr Interesse an unserem Zuhause zeigt: ... (Sei präzise.)
8. Ich würde meine Talente zu Hause und außerhalb gerne einsetzen, indem ich ... (Sei präzise.)

Für den Mann: Schlüssele deine Bedürfnisse auf:

1. Meine Frau sollte mein Bedürfnis nach ... verstehen. (Welches Bedürfnis?)

2. Meine Frau könnte unser Zuhause zu einem Ort machen, zu dem ich gerne zurückkehre, indem sie ... (Sei präzise.)

3. Wenn ich das Gefühl habe, dass wegen Überarbeitung meine Kraft nicht ausreicht und mein Mut schwindet, dann sollte meine Frau ... (Was soll sie tun?)

4. Wenn ich von der Arbeit nach Hause komme, dann sollte meine Frau so aussehen, wenn sie mich begrüßt: ... (Wie soll sie aussehen?)

5. Meine Frau sollte meine Würde als Mann aufbauen, indem sie ... (Was sollte sie tun?)

6. Meine Frau kann mir helfen, Spannungen abzubauen, indem sie ... (Was wünschst du dir?)

Anschließend tauscht ihr die Blätter aus, auf denen ihr eure Bedürfnisse formuliert habt. Möge Gott euch dabei helfen, einander die Bedürfnisse zu erfüllen.

Kapitel 3: Wofür hat Gott die sexuelle Beziehung erschaffen?

Bevor wir uns mit der Frage beschäftigen, *warum Gott sexuelle Beziehungen erschaffen hat*, ist es notwendig, die Wahrheit festzuhalten, dass Gott eine sexuelle Beziehung zwischen Mann und Frau ausschließlich für die Ehe vorgesehen hat. Daher möchte ich, wenn es in diesem Kapitel um die Fragen rund um das sexuelle Miteinander geht, deine Aufmerksamkeit noch einmal auf die Tatsache richten, dass Sex ausschließlich im Familiengefüge, nur zwischen Ehemann und Ehefrau, stattfinden darf.

Familie ist hier das Schlüsselwort. Es bestätigt Gottes Standpunkt, dass Sex nur dem Ehepaar allein gehört. Es ist nur zulässig für einen Mann und eine Frau, eine sexuelle Beziehung zu haben, wenn die beiden verheiratet sind. Sex ist nicht für junge Menschen gedacht, die noch nicht in der Lage sind, die Verantwortung und die Konsequenzen zu tragen, die damit verbunden sind. Sex ist nicht dazu gedacht, außerhalb der Ehe stattzufinden. Außerhalb einer Ehe haben die Menschen kein Bedürfnis, Verantwortung für eine Familie, für Kinder zu übernehmen; alles, worauf sie aus sind, ist sexuelle Befriedigung.

Die Menschen fragen ziemlich oft, warum es notwendig sei, eine rechtmäßige Beziehung zwischen Mann und Frau zu haben. Aus ihrer Sicht genügt die bloße Tatsache, dass sie einander »lieben«, dieses Gefühl scheint ihnen das einzig Wichtige zu sein. Eine Heiratsurkunde ist für sie nicht der entscheidende Beweis für die Rechtmäßigkeit ihrer Beziehung.

Es ist jedoch eine Wahrheit, dass intime Beziehungen ausschließlich in einer rechtmäßigen Ehe zulässig sind, und dafür gibt es schwerwiegende Gründe.

Zum einen schützt die rechtmäßige Ehe die Ehre einer Frau. Fragen der Würde und der Ehre sind für Frauen von fundamentaler Wichtigkeit (selbst wenn sie kein Wort darüber verlieren). Darum öffnet eine Frau ihr Herz normalerweise nicht jedem. Sie kann das nur tun, wenn sie darauf vertraut, in Sicherheit zu sein. Intimität ist aus der Sicht einer Frau etwas Kostbares. Bevor sie sich vor einem Mann entblößt, muss sie eine Art von Garantie dafür haben, dass ihr Innerstes nach wie vor in Sicherheit ist.

Die offizielle Eheschließung ist ein Schutz für die Frau, sie gibt ihr die Sicherheit, dass sie nicht benutzt wird, sondern wirklich geliebt, geschätzt und geachtet. Die rechtmäßige Ehe ist für eine Frau die Garantie, dass sie in Sicherheit ist, wenn sie sich entkleidet. Die Gesellschaft bestätigt durch die offizielle Registrierung der Eheschließung diese Sicherheit, in anderen Kulturen ist es das dokumentierte Einverständnis der Eltern, oder eine religiöse Zeremonie. Damit wird die Tür für Betrug, Enttäuschung und Treuebruch fest verschlossen.

Unglücklicherweise wird dieses Konzept der Ehe in unserer modernen Gesellschaft pervertiert. Darum gibt es Hunderte und Tausende, wenn nicht Millionen von Frauen, die betrogen und hintergangen werden, sogar kurz nachdem sie eine Liebeserklärung gehört haben. Viele dieser Liebesschwüre sind tatsächlich nicht ernst gemeint. Heutzutage sind viele Menschen, hauptsächlich Männer, nicht bereit, Verantwortung für einen Ehepartner zu übernehmen oder für die Gesellschaft, ihre Familie, die Eltern; noch nicht einmal vor dem Gesetz handelt man verantwortlich.

Eine rechtmäßige, offizielle Ehe sorgt aber nicht nur für Sicherheit der Frau, sondern sie ist auch eine Art von »Versicherung« für bestimmte Lebensabschnitte, vor allem während der Schwangerschaft oder im Alter. Während solcher Zeiten ist eine Frau besonders verletzlich und schutzbedürftig. Sie muss darauf vertrauen können, dass ihr Mann weiterhin die Verantwortung für sie und ihre Kinder trägt. So hübsch eine zwanzigjährige Braut auch sein mag, sie muss sich zwanzig Jahre später immer noch darauf verlassen können, dass ihr Mann nicht einer anderen, einer neuen Zwanzigjährigen, hinterherstarrt.

Es sei nicht verschwiegen, dass viele schwere Zeiten auf eine Frau warten, die sich auf eine Beziehung ohne Hochzeitszeremonie einlässt. Die Kinder werden unter den Konsequenzen solcher Lebensgemeinschaften zu leiden haben.

Das unverheiratete Zusammenleben führt zu Gesetzlosigkeit und beraubt den Menschen sowie die nächste Generation des Segens Gottes. Es gibt infolge dessen viele Opfer, deren Herzen verwundet wurden, die an der totalen Zerstörung ihres Lebens leiden. Die Weigerung des Menschen, Verantwortung zu übernehmen, resultiert in tausenden Kindern, die ohne einen Vater aufwachsen, was dazu führt, dass sie zu problembelasteten Jugendlichen werden.

Auch finanzielle Probleme entstehen durch unvollständige Familien (ohne Vater). Dadurch steigt die Kriminalitätsrate in unserer Gesellschaft. Über 60 Prozent der Strafgefangenen geben an, dass sie in Familien aufgewachsen sind, in denen die Fürsorge eines Vaters fehlte.

Es sind viele Probleme aus dem Missverständnis entstanden, wozu Sex da ist. Wenn der Grund, das Ziel, unbekannt ist, dann ist Missbrauch unvermeidlich. Darum segnet Gott sexuelle Beziehungen nur in einer rechtmäßigen Ehe. In der Ehe gibt es die Garantie, dass der Mann seine Verantwortung für die Familienmitglieder versteht und wahrnehmen wird.

Gott hat den Menschen zu einem bestimmten Zweck erschaffen, damit er spezifische Funktionen und Aufgaben erfüllt.

> *1. Mose 1, 27-28*
> **Und Gott schuf den Menschen nach seinem Bild, nach dem Bild Gottes schuf er ihn; als Mann und Frau schuf er sie. Und Gott segnete sie, und Gott sprach zu ihnen: Seid fruchtbar und vermehrt euch, und füllt die Erde, und macht sie euch untertan; und herrscht über die Fische des Meeres und über die Vögel des Himmels und über alle Tiere, die sich auf der Erde regen!**

Die wichtigste Aufgabe eines Mannes besteht darin, ein Vater zu sein. Gott hatte die Vaterschaft im Sinn, als er den Mann erschuf, und darum hat er ihm das Erstgeburtsrecht verliehen. Der Mann (und nicht die Frau!) war derjenige, von dem der Rest der Menschheit abstammen sollte.

Das Prinzip des Erstgeburtsrechtes betont die Wichtigkeit und den Stellenwert des Mannes als Teil der Schöpfung, der Samen hervorbringen kann. Gott hat den Mann nicht nur beauftragt, Samen hervorzubringen, sondern auch zu säen. Das ist der von Gott verliehene Auftrag an den Mann.

Im Samen eines Mannes ist eine ganze Generation verborgen (so wie in einem einzigen Apfelkern ein ganzer Obstgarten angelegt ist). Ein gesäter Same bringt neues Leben hervor. Daraus folgt, dass Gott den Mann als »Lebensaussäer« erschaffen hat. Der Mann ist der Ursprung des Lebens. Die gesamte Schöpfung ist abhängig vom Mann.

Wenn man eine gute Ernte einbringen will, sät man auf guten Boden. Doch wenn der Same eines Mannes in den »falschen Boden« ausgegossen wird (symbolisch gesprochen für eine außereheliche Beziehung), dann ist der Mann für die daraus folgende Generation verantwortlich. Und die folgende Generation wird in einem solchen Fall mit großer Wahrscheinlichkeit gesetzlos sein.

Lasst uns von unserem himmlischen Vater lernen, was er mit seinem Samen tut, damit wir verstehen, wie ein Vater sein sollte.

Unser Gott ist ein Gott, der aussät, zur Geburt bringt, versorgt. Gott hilft dem Menschen (seinem Samen), erfolgreich zu sein, was heißt, dass er fruchtbar ist, an Zahl zunimmt und Herrschaft ausübt. Gott kennt das Prinzip der Vaterschaft, daher übernimmt er Verantwortung für die Menschen, sowohl die guten als auch die schlechten. Das Böse, was ein Mensch anrichtet, kann nicht Gottes Charakter verändern, er liebt die Menschen, sogt für sie. Unabhängig davon, was sie tun. Denn Gott ist ihr Vater.

Vater sein bedeutet große Verantwortung tragen. Mancher mag nun anderer Meinung sein: *»Was hat ein Mann damit zu tun? Es ist die Frau, die schwanger wird, und sie ist es, die nach neun Monaten ein Kind zur Welt bringt. Also muss sie die gesamte Verantwortung übernehmen ...«* Du kannst jedoch dieses Argument nicht anwenden, denn die Frau wäre nicht in der Lage, alleine irgend etwas zu produzieren, ohne den Samen des Mannes. Es muss jemanden geben, der »in ihr einen Samen sät«. Der Anfang ist der Mann!

Als Gott der Vater seine Kinder erschuf, traf er Vorsorge für die Zukunft seines Samens:

1. Mose 1, 28
Und Gott segnete sie, und Gott sprach zu ihnen: Seid fruchtbar und vermehrt euch, und füllt die Erde, und macht sie euch untertan; und herrscht über die Fische des Meeres und über die Vögel des Himmels und über alle Tiere, die sich auf der Erde regen!

Gott ist ein ehrenwerter Vater. Daher gebiert er nichts, ohne es zu segnen. Gott bewahrt, unterstützt, schützt, überträgt Autorität, Fähigkeiten und Energie auf alles, was er zur Welt bringt.

Demzufolge muss jeder Mann sich seiner Befähigung zur Vaterschaft sicher sein, bevor er seinen Samen ausgießt. Du bist kein Vater, bevor du in der Lage bist, dein Kind zu segnen, für es zu sorgen, es zu unterstützen und zu beschützen. Mann und Vater sein bedeutet mehr, als nur Samen hervorzubringen und ihn auszusäen. Es heißt auch, Verantwortung zu tragen für das, was gesät wurde. Wenn du sein willst wie Gott, dann kannst du nicht sagen: »*Genug. Ich habe meine Aufgabe erledigt. Das Kind ist geboren, der Rest geht mich jetzt nichts mehr an. Soll die Mutter das Kind großziehen; sie kann besser für ein Kind sorgen.*« Oder: »*Soll das Kind doch bei den Großeltern leben, bis es groß ist.*« Das ist Verantwortungslosigkeit!

Lukas 15, 11-32
Er sprach aber: Ein Mensch hatte zwei Söhne; und der jüngere von ihnen sprach zu dem Vater: Vater, gib mir den Teil des Vermögens, der mir zufällt! Und er teilte ihnen die Habe. Und nach nicht vielen Tagen brachte der jüngere Sohn alles zusammen und reiste weg in ein fernes Land, und dort vergeudete er sein Vermögen, indem er verschwenderisch lebte. Als er aber alles verzehrt hatte, kam eine gewaltige Hungersnot über jenes Land, und er selbst fing an, Mangel zu leiden. Und er ging hin und hängte sich an einen der Bürger jenes Landes, der schickte ihn auf seine Äcker, Schweine zu hüten. Und er begehrte seinen Bauch zu füllen mit den Schoten, die die Schweine

fraßen; und niemand gab sie ihm. Als er aber zu sich kam, sprach er: Wie viele Tagelöhner meines Vaters haben Überfluss an Brot, ich aber komme hier um vor Hunger. Ich will mich aufmachen und zu meinem Vater gehen und will zu ihm sagen: Vater, ich habe gesündigt gegen den Himmel und vor dir; ich bin nicht mehr würdig, dein Sohn zu heißen! Mach mich wie einen deiner Tagelöhner! Und er machte sich auf und ging zu seinem Vater. Als er aber noch fern war, sah ihn sein Vater und wurde innerlich bewegt und lief hin und fiel ihm um seinen Hals und küsste ihn. Der Sohn aber sprach zu ihm: Vater, ich habe gesündigt gegen den Himmel und vor dir; ich bin nicht mehr würdig, dein Sohn zu heißen. Der Vater aber sprach zu seinen Sklaven: Bringt schnell das beste Gewand heraus und zieht es ihm an und tut einen Ring an seine Hand und Sandalen an seine Füße; und bringt das gemästete Kalb her und schlachtet es, und lasst uns essen und fröhlich sein! Denn dieser mein Sohn war tot und ist wieder lebendig geworden, war verloren und ist gefunden worden. Und sie fingen an, fröhlich zu sein.

Sein älterer Sohn aber war auf dem Feld; und als er kam und sich dem Haus näherte, hörte er Musik und Reigen. Und er rief einen der Diener herbei und erkundigte sich, was das sei. Der aber sprach zu ihm: Dein Bruder ist gekommen, und dein Vater hat das gemästete Kalb geschlachtet, weil er ihn gesund wiedererhalten hat. Er aber wurde zornig und wollte nicht hineingehen. Sein Vater aber ging hinaus und redete ihm zu. Er aber antwortete und sprach zu dem Vater: Siehe, so viele Jahre diene ich dir, und niemals habe ich ein Gebot von dir übertreten; und mir hast du niemals ein Böckchen gegeben, dass ich mit meinen Freunden fröhlich gewesen wäre; da aber dieser dein Sohn gekommen ist, der deine Habe mit Huren durchgebracht hat, hast du ihm das gemästete Kalb geschlachtet. Er aber sprach zu ihm: Kind, du bist allezeit bei mir, und alles, was mein ist, ist dein. Aber man muss doch jetzt fröhlich sein und sich freuen; denn dieser dein Bruder war tot und ist wieder lebendig geworden und verloren und ist gefunden worden.

Viele Menschen kennen diesem Bibelabschnitt als Gleichnis vom verlorenen Sohn. Aber eigentlich ist es ein Gleichnis über Mannsein und Vaterschaft. Drei Wahrheiten sind in diesem Gleichnis verborgen.

Die erste Wahrheit ist: *Nicht alles, was männlich ist, ist ein Mann.*

Die zweite Wahrheit ist: *Nicht alle Söhne sind Männer.*

Die dritte Wahrheit ist: *Nicht alle Männer sind Väter.*

Keiner der Söhne, die in diesem Gleichnis aus dem Evangelium des Lukas erwähnt werden, erlebte Erfolg, indem er Vater wurde. Der jüngere Sohn betrachtete seinen Vater und kam zu dem Schluss, dass er genauso sei wie dieser. Er fühlte sich alt genug, um sein Erbe zu übernehmen und damit umzugehen. Doch das Lebensalter hat nichts mit Vaterschaft zu tun. Wenn ein Junge erwachsen wird, heißt das noch nicht, dass er ein Vater geworden ist.

Der ältere Sohn war kein Junge mehr. Er war erwachsen und er blieb treu, als der jüngere Sohn seine Heimat verließ; er diente, während der jüngere Bruder sich amüsierte. Doch leider verstand auch er nicht, was Vaterschaft bedeutet. Er erkannte nicht, dass ein Vater ein Versorger ist. Er hatte die Mentalität eines Sklaven, nicht die eines Erben. Ein Mann, dem es nicht gelingt, ein erfolgreicher Vater zu werden, wird sein Leben in Knechtschaft verbringen.

Man kann aus dieser Geschichte mehrere Lektionen lernen.

Die erste Lektion: Keiner der Söhne verstand das Wesentliche der Vaterschaft.

Die zweite Lektion: In diesem Gleichnis geht es um die wahre Bedeutung der Vaterschaft.

Die dritte Lektion: Wahre Väter wissen, wie man in der Liebe wandelt, die eine Vielzahl von Sünden zudeckt; sie vergeben immer, verstehen und behalten keinen Groll in ihrem Herzen.

Jeder Mann muss sich Verständnis erarbeiten (eine tiefe Überzeugung, die seine Handlungen bestimmt) bezüglich der Tatsache, dass Vaterschaft seine letztendliche Bestimmung ist. Dieses Verständnis ist die Fähigkeit, das richtige Wissen über Gottes Vision zu erlangen und dieses Wissen in Handlungen umzuwandeln.

Das Verständnis von Vaterschaft ist essenziell für die Erschaffung einer glücklichen Familie, denn zuallererst muss der Mann für seine Frau ein Vater werden. Wenn eine Frau heiratet, wird sie durch die sexuelle Vereinigung zu einem Fleisch mit ihrem Mann. Das Blut des Mannes mischt sich durch den Geschlechtsverkehr mit ihrem. Blut ist Leben. Das Leben einer Frau wird dabei aus dem Leben des Mannes geboren, der ihr Ehemann geworden ist. Wahre Ehemänner müssen verstehen, dass ihre Frau ihre »Erstgeburt« ist. Daher müssen sie ihre Frauen lieben und für sie sorgen, die volle Verantwortung für ihr Leben übernehmen.

Wenn ein Mann diesbezüglich versagt und nicht sowohl Ehemann als auch Vater für seine Frau wird, dann ist ihr Verhältnis nicht anders als das zwischen zwei Tieren.

Es ist entscheidend wichtig zu verstehen, dass es die allerhöchste Bestimmung eines Mannes ist, Vater zu werden, denn der *hauptsächliche Grund*, warum Gott sexuelle Beziehungen erschaffen hat, ist die Fortpflanzung.

> *1. Mose 1, 28*
> *Und Gott segnete sie, und Gott sprach zu ihnen: Seid fruchtbar und vermehrt euch, und füllt die Erde, und macht sie euch untertan; und herrscht über die Fische des Meeres und über die Vögel des Himmels und über alle Tiere, die sich auf der Erde regen!*

Doch ist nicht ausschließlich die Vermehrung der Grund, warum Gott sexuelle Beziehungen erschaffen hat. Fruchtbarkeit ist nicht der einzige Zweck von Sex, sonst hätten unfruchtbare Paare keine intime Beziehung. Und selbst dann, wenn ein Mann und eine Frau keine Kinder bekommen können (oder noch keine haben wollen), können sie ein glückliches Familienleben genauso genießen wie Paare, die bereits Kinder haben. Das ist möglich, weil der *zweite Grund*, aus dem Gott die sexuelle Intimität für das Leben eines verheirateten Paares erschaffen hat, die Stärkung ihrer Nähe und Einheit ist. Damit wird die Absicht Gottes erfüllt, dass die zwei eins werden.

Einheit ist die höchste Ebene der Beziehung, die es zwischen einem Ehemann und einer Ehefrau geben kann.

Der *dritte Grund* ist der, dass sie durch Sex gemeinsam berauscht werden können, dass sie bildlich gesprochen »taumeln«:

> Sprüche 5, 18-20
> **Deine Quelle sei gesegnet, erfreue dich an der Frau deiner Jugend! Die liebliche Hirschkuh und anmutige Gämse - ihre Brüste sollen dich berauschen jederzeit, in ihrer Liebe sollst du taumeln immerdar! Warum solltest du, mein Sohn, an einer Fremden taumeln und den Busen einer anderen umarmen? -**

Die Bibel »verschleiert« die Worte nicht, sie mindert auch nicht die Bedeutung herab, die Intimität tatsächlich hat. Dieses Zitat aus dem Buch der Sprüche beweist das.

Intime Beziehungen sind für das Vergnügen da, für die Fülle der Gemeinschaft von Mann und Frau.

Deine Quelle sei gesegnet ... Deine Quelle ist deine Familie. Gott sagt, dass sowohl der Mann als auch die Frau für die Familie verantwortlich sind. Möge deine Familie gesegnet sein! Das ist das Anliegen Gottes, und nur zwei gemeinsam (Ehemann und Ehefrau) können es erfüllen, indem sie zusammenkommen. Es ist unmöglich, das alleine zu tun. Wenn nur der Mann oder nur die Frau sich um die Familie kümmert, dann wird eine solche Familie niemals komplett und vollständig sein. Ihr müsst eure Familie mit gemeinsamem Fleiß aufbauen!

... erfreue dich an der Frau deiner Jugend! Beachte, dass wir uns nicht an Reichtum, Arbeit oder einem Freundeskreis erfreuen sollen, sondern an unserer Frau. Gott will, dass Ehemänner es lernen, sich an ihrer Frau zu erfreuen.

Die liebliche Hirschkuh und anmutige Gämse — ihre Brüste sollen dich berauschen jederzeit ... Hier sehen wir, dass die Brüste einer Frau nicht nur dazu geschaffen wurden, Säuglinge zu ernähren. Gott selbst sagt das, denn das Zitat stammt aus der Bibel und nicht aus einem Hollywoodfilm, der uns niemals angemessene sexuelle Beziehungen lehren könnte.

Männer verspüren oft emotionale Spannungen. Hier ist die Lösung für solche Probleme: Ihre Brüste sollen dich jederzeit berauschen.

Vielleicht seid ihr es nicht gewohnt, euch vor einander auszuziehen. Darum suchst du deine Befriedigung in Fernsehshows, Magazinen und Filmen. Doch glaube mir, du verschwendest nur deine Zeit! Du musst es lernen, nach einem anstrengenden Arbeitstag Entspannung aus deiner von Gott gegebenen Quelle der Befriedigung zu schöpfen, und das ist deine Ehefrau. Männer, ihr solltet nie dieses kostbare Geschenk vergessen! Lerne es, Befriedigung durch die Brüste deiner Frau zu finden.

... ihre Brüste sollen dich berauschen jederzeit, in ihrer Liebe sollst du taumeln immerdar! Gott sagt, dass Ehemann und Ehefrau ihre intime Beziehung genießen sollen.

Wir verstehen jetzt, dass Familienleben nicht nur dazu da ist, so viele Kinder wie möglich in die Welt zu setzen. Viele Frauen sind heutzutage unglücklich und bedrückt, weil hier und da gelehrt wird, dass Sex nur für die Fortpflanzung da sei. Weißt du, was in solchen Familien passiert? Der Mann erfüllt das Gebot, indem er alles Notwendige dafür tut, dass ein Kind empfangen werden kann. Er bekommt sein Vergnügen, weil er den Orgasmus erreicht. Er denkt nicht einmal daran, dass auch seine Frau die Intimität genießen soll. Solche Ehemänner vergessen, dass der Sinn des Familienlebens viel tiefer geht und weit mehr umfasst als nur die Herbeiführung einer Schwangerschaft.

Warum solltest du, mein Sohn, an einer Fremden taumeln und den Busen einer anderen umarmen? - Ich will dir sagen, warum sich Männer so benehmen. Sie wissen einfach nicht, was der Wille Gottes ist.

Wenn ein Mensch nicht zu schätzen weiß, was er hat, dann fängt er an, sich anzuschauen, was einer anderen Person gehört. Das nennt man Missbrauch. Wenn du jedoch begreifen würdest, dass Gott dir bereits diejenige geschenkt hat, die für dich bestimmt ist! Dann würdest du verstehen, dass es sinnlos ist, einer anderen hinterher zu schauen.

Ein solcher Mensch missbraucht jemanden oder etwas aufgrund seiner Unwissenheit. Die Bibel sagt: **Mein Volk kommt um aus Mangel an Erkenntnis.** Erkenntnis ist Wahrheit und Licht, und ein Mensch lebt in der Finsternis, wenn er nicht Erkenntnis des Wortes Gottes in sich hat. Gott ist daran interessiert, dass wir vollständige Befriedigung bekommen. Er will, dass wir das Höchstmögliche von dem, was er uns geschenkt hat, auch ausschöpfen.

Kapitel 4: Was Ehefrauen wissen müssen

Um eine rechtschaffene Beziehung in der Familie aufzubauen und Intimität jederzeit zu genießen, sollte die Ehefrau wissen, dass ihr Ehemann, weil er Mann ist, sich sehr von ihr unterscheidet.

Erstens: Gott hat den Mann anders erschaffen. Du solltest daher nicht versuchen, ihn zu verändern, sondern ihn vielmehr so annehmen, wie er ist. Der schöpfungsbedingte Unterschied zwischen Mann und Frau ist genau der Grund, warum der Mann oft auf eine Weise handelt und denkt, die seine Frau nicht erwartet.

Zweitens: Jeder Mann hat seinen Stolz, unabhängig vom sozialen Status. Er wird niemals froh darüber sein, sich deine Kritik anzuhören. Gott hat den Mann als das Haupt erschaffen. Daher sollte eine Frau nicht versuchen, ihren Mann zu dirigieren. Statt dessen solltest du ihn unterstützen, damit er sich stark fühlen kann.

Drittens: Männer mögen keinen Familienkrach, Gezeter oder Streit. Jeder Ehemann will, dass sein Zuhause von Frieden und Harmonie erfüllt ist. Die Bibel sagt, dass die Frau der Abglanz des Mannes ist. Die Frau muss für ihren Mann diesen Glanz mit freundlichen Worten, Zärtlichkeiten und Güte herstellen. Dann wird er sie wertschätzen. Deinem Ehemann Komplimente zu machen ist nicht genug; du solltest ihn immer so sehen und schätzen, wie er war, als du dich zuerst in ihn verliebt hast. Versuche, dich an die

Worte zu erinnern, die du damals zu ihm gesagt hast, und sie öfter und immer wieder auszusprechen.

1. Korinther 11, 7
Denn der Mann freilich soll sich das Haupt nicht verhüllen, da er Gottes Bild und Abglanz ist; die Frau aber ist des Mannes Abglanz.

Viertens: Ein Mann kann Ärger nicht vertragen; er braucht Ermutigung und geistliche Unterstützung. Weise Frauen werden nie vergessen, dass ihre Ehemänner genau wie sie selbst Lob und Hochachtung benötigen. Gottes Taktik liegt darin, dass die Frauen ihre Männer mit Worten des Lobes bedecken. Gib deinem Mann die Möglichkeit, sich zu entspannen, wenn er deine Worte hört.

Bitte Gott darum, dass er dir Weisheit schenkt und die richtigen Worte, um deinen Mann zu loben, um deine Liebe für ihn auf ganz neue Weise auszudrücken.

Hohelied 4, 4
Dein Hals ist wie der Turm Davids, der rund gebaut ist. Tausend Schilde hängen daran, alles Schilde von Helden.

Dieser Bibelvers sagt uns, dass zahlreiche Haushaltsaufgaben und das Gewicht der Alltagssorgen Lasten sind, die am Hals einer Frau hängen. Doch der Hals trägt sie alle und zerbricht nicht, denn er ist stark. Wenn der Ehemann Mühsal und Misserfolge durchstehen muss, dann zeigt die Frau keine Entmutigung, sie wirft ihren Mann nicht heraus und sie flucht auch nicht über ihn. Sie sagt statt dessen: »*Es ist in Ordnung ... Alles wird mit uns auf irgendeine Weise gut werden ... Ich verstehe dich ...«*

Der Ehemann sollte eine solche Frau loben und Gott für sie danken. Selbst in schweren Zeiten macht sie ihm keine Vorwürfe, verurteilt und kritisiert ihn nicht, wie es andere Frauen womöglich tun. Lasst eure Ehemänner in euch Unterstützung finden, ihr Ehefrauen, denn Gott hat euch als Gehilfinnen für sie erschaffen. Wenn dein Mann arbeitslos ist, dann solltest du dein Bestes tun, um ihn zu unterstützen. Auch wenn er nicht in der Lage ist, den Lebensunterhalt zu verdienen, dann solltest du nichts tun, was ihn ärgern könnte.

... wie der Turm Davids, der rund gebaut ist. - Die Worte einer Frau sind Bollwerke, mit denen sie ausgerüstet ist, um ihrem Mann zu helfen. Deine Worte und dein Lob sind die Unterstützung, die für ihn wertvoller ist als alle materiellen Schätze.

Die *fünfte* charakteristische Eigenschaft eines Mannes ist die, dass er nicht von der Frau belehrt oder instruiert werden will; es ist sinnlos, das zu tun. Du solltest jede Bemerkung als Vorschlag formulieren, als Anraten oder Beratung. Wenn du das tust, solltest du ihm gleichzeitig Respekt und Ehrerbietung zeigen.

Die *sechste* charakteristische Eigenschaft eines Mannes ist die, dass er dich als Inspiration braucht, selbst wenn er erfolgreich und stark ist. Er muss auf die Tatsache vertrauen können, dass du fest an seiner Seite stehst. Er muss wissen, dass du an ihn und an seinen Erfolg glaubst. Du musst ihm sagen, dass er erfolgreich sein kann, dass er im Leben etwas erreichen wird. Du musst deinen Mann davon überzeugen, dass er geliebt wird und dass er für dich der Einzige ist. Tu alles, was du nur tun kannst, damit er sich geehrt, stark und erfolgreich, als Haupt der Familie empfindet.

Die Frau darf nicht vergessen, dass ihr Ehemann eine Zielbestimmung hat, und dass ihre Aufgabe darin besteht, ihrem Mann zum Erfolg zu verhelfen. Sie muss ihn unterstützen, damit er sein Ziel erreicht.

Die Unterstützung seiner Frau bedeutet einem Mann sehr viel, das habe ich selbst erlebt. In meinem Pastorendienst begegnen mir viele Probleme und Angriffe. Meine Frau ist sich dessen bewusst und sie findet immer die richtigen Worte, um mich zu ermutigen. Niemals habe ich von ihr ein entmutigendes Wort gehört. Was sie mir sagt, gibt mir immer wieder die Sicherheit, dass alles gut werden wird. Solche eine »Rüstung« musst du haben, als Ehefrau, um deinen Mann zu unterstützen. Deine Worte sollen deinen Mann ermutigen.

Sei kreativ, wenn es darum geht, die Stimmung deines Mannes zu heben. Du musst dein Haupt eher mit Worten und Taten der Weisheit bedecken als mit einem Kopftuch. Wenn dein Ehemann spät von der Arbeit nach Hause kommt, solltest du deine eigenen Probleme zurückhalten und ihn willkommen heißen. Ein liebevolles Herz wird mit Zuwendung fragen: *»Schatz, was war los ...?«*

Denke daran, Ehefrau, dass Gottes Schirm der Herrlichkeit genau die Spannweite hat, mit der du deinen Mann ehrst und respektierst. Andernfalls stehst du ohne Schirm da!

> *1. Korinther 11, 8-11*
> **Denn der Mann ist nicht von der Frau, sondern die Frau vom Mann; denn der Mann wurde auch nicht um der Frau willen geschaffen, sondern die Frau um des Mannes willen. Darum soll die Frau eine Macht auf dem Haupt haben um der Engel willen. Dennoch ist im Herrn weder die Frau ohne den Mann, noch der Mann ohne die Frau.**

Die *siebte* charakteristische Eigenschaft eines Mannes ist die, dass er von Natur aus ein Eroberer ist. Dieses Gefühl der Vorherrschaft motiviert und lenkt ihn. Ein Mann ist immer darum bemüht, etwas zu erreichen. Er möchte lenken und Erfolg erleben. Manchmal bringt dieses Bestreben die Prioritäten in seinem Leben durcheinander. Wenn das vorkommt, dann ist eine Ehefrau dazu berufen, sanftmütig ihren Mann wieder auf den richtigen Kurs zu bringen, indem sie ihm taktvoll seinen Fehler deutlich macht. Die Frau muss für ihren Mann kämpfen, für ihn beten und ihm helfen, nicht das Wichtigste aus den Augen zu verlieren, nämlich Gott und seine Familie.

Eine Frau sollte nie vergessen, dass ihr Mann ein Geschenk Gottes ist, sie sollte stets daran denken, Gott für ihn zu danken. Die Liebe, durch die Gott euch beide zusammengefügt hat, sollte jeden Tag neu sein. Und dennoch sollte jede Frau sich auch daran erinnern, dass Gott sie für ihren Mann erschaffen hat. Sie wurde erschaffen, um ihrem

Mann in der Ehe zu dienen. Daher sollte sie auch von Gott ihren Lohn erwarten, nicht von ihrem Mann. Es war Gott, der ihr diese Rolle zugedacht hat. Also kommt ihr Lohn von Gott.

Es ist für manche Frau in unserer modernen Zeit schwer, sich ihrem Mann unterzuordnen, aber die Bibel sagt dennoch:

> *Epheser 5, 22*
> *... die Frauen den eigenen Männern als dem Herrn!*

Frauen halten Unterordnung oft für Knechtschaft. Doch in Wirklichkeit ist genau das Gegenteil der Fall: Unterordnung bedeutet Macht. Nur starke und selbstbewusste Menschen sind in der Lage, sich unterzuordnen, einer anderen Person zu helfen und zu dienen. Eine untergeordnete Ehefrau ist eine starke Frau. Wenn du dich Jesus aufgrund deiner Liebe unterordnest, dann wird es leicht für dich sein, dich aus Liebe auch deinem eigenen Ehemann unterzuordnen.

> *Sprüche 12, 4*
> *Eine tüchtige Frau ist die Krone ihres Mannes, aber wie Wurmfraß in seinen Knochen ist eine schandbare.*

Eine Frau kann ihren Mann nur zum König machen, indem sie zur Krone seines Hauptes wird. Eine Frau sollte immer wissen, dass die Autorität ihres Mannes von ihr abhängig ist, dass Gott ihr die Vollmacht anvertraut hat, zu zerstören oder aufzubauen. Daher wird eine wahre Ehefrau ihren Mann immer hoch erheben, ihm das Gefühl geben, ein

König zu sein. Dann wird er sich auch in der sexuellen Beziehung als ein wunderbarer Partner erweisen.

Hohelied 1, 13
Ein Myrrhenbeutelchen ist mir mein Geliebter, das zwischen meinen Brüsten ruht.

Frauen sollten einige charakteristische sexuelle Eigenschaften der Männer kennen, um ihren eigenen Ehemann besser zu verstehen und die sexuelle Beziehung auf die richtige Weise aufzubauen. Was bedeutet Sex für einen Mann? Wie wünscht er sich Intimität?

Es gibt in einigen »entwickelten« Ländern den Trend, dass Frauen ihre Männer wegen Sex verklagen. Sie sagen: »*Ich wollte es nicht, und er hat mich gezwungen ...*« So etwas beweist, dass kein Verständnis dafür vorhanden ist, was Sex in einer Ehe sein sollte.

Die Bibel sagt, dass nicht die Frau über ihren Körper herrscht, sondern ihr Mann; und gleichermaßen hat der Mann keine Verfügungsgewalt über seinen Körper, sondern seine Frau (*1. Korinther 7, 2-5*).

Das *erste*, was jede Ehefrau über ihren Mann wissen muss ist, dass der Orgasmus der wichtigste Bestandteil der Intimität für ihn ist, weil dadurch sein sexuelles Bedürfnis befriedigt wird. Die Physiologie des männlichen Körpers bedingt mehr sexuelle Aggression als es beim weiblichen Körper der Fall ist.

Viele Frauen klagen darüber, dass das sexuelle Verlangen ihrer Männer übermäßig stark sei. Doch wenn du die

Struktur des männlichen Körpers studierst, wirst du erkennen, dass dies einen bestimmten Grund hat: Im Mann sammeln sich viele Spermien (bis zu mehreren Milliarden pro Woche). Jeder Tropfen Samenflüssigkeit enthält rund drei Millionen Spermien. Das ist natürlich eine gewaltige Anzahl. Wenn sich solche Massen von Spermien ansammeln, verspürt der gesamte männliche Körper eine gewaltige Spannung, selbst wenn der Mann es nicht physisch (in seinen Genitalien) empfindet. Es kann sogar sein, dass er gar nichts von den Gründen für seine Anspannung weiß. Sie treibt ihn dennoch dazu, nach »etwas« zu suchen. Der Auslöser ist einfach der, dass sich eine gewaltige Menge von Spermien angesammelt hat, dass sie »losgelassen« werden müssen.

Eine Ehefrau muss verstehen, dass Sex für ihren Mann nicht nur eine der Möglichkeiten ist, sich zu entspannen, sondern auch die einzige, um dieses spezielle Bedürfnis seines Körpers zu befriedigen, nämlich die angestauten Spermien auszustoßen. Und das kann nur mit der Hilfe der Ehefrau geschehen.

Daher macht dieses natürliche männliche Bedürfnis den Ehemann automatisch zum »Aggressor«, und das führt dazu, dass viele Männer eine falsche Herangehensweise an Sex haben. Sie sind sofort bereit für einen Orgasmus, sie verstehen nicht, dass eine Frau auf Sex vorbereitet werden muss, dass sie ein Vorspiel braucht, Romantik und Streicheln und Zärtlichkeit.

Der Mann hat nichts als sein Bedürfnis im Kopf, und das will er befriedigt haben. Mancher Mann ist schnurstracks auf Sex aus, und wenn er dann bei seiner Frau auf Widerstand trifft, ist er völlig ahnungslos, warum sie sich so ablehnend benimmt.

Frauen müssen sanft und zärtlich in den Sex hineingeleitet werden. Der Mann darf nicht nur an seine Bedürfnisse denken, sondern er muss auch die Bedürfnisse seiner Frau erkennen. Gleichzeitig muss auch die Frau Verständnis für die Bedürfnisse ihres Mannes zeigen.

Das *zweite*, was eine Ehefrau über ihren Mann wissen sollte ist, dass Sex für ihn ein Mittel der Selbstbestätigung ist. Der Geschlechtsverkehr führt dazu, dass ein Mann sich als »richtiger Mann« fühlt. Es ist entscheidend wichtig, dass in deiner Ehe Sex und Intimität nicht vernachlässigt werden, sonst wirst du ausgerechnet in diesem Lebensbereich Niederlagen erleben.

Wenn eine Frau frigide ist und ihren Mann nicht befriedigen kann, dann wird er sich weder zu Hause, noch unter Freunden oder am Arbeitsplatz als »richtiger Mann« fühlen. Wenn das Sexleben eines Mannes schiefgeht, dann ist er in allen Lebensbereichen gehemmt und unsicher. Daher sollte eine Frau ihrem Mann nie vorwerfen, nicht »richtig männlich« zu sein, sondern ihm dabei helfen, ein »richtiger Mann« zu werden.

Ehemann und Ehefrau, wenn ihr Sex im Augenblick noch nicht genießen solltet, dann müsst ihr beide eure intimen Bedürfnisse so anpassen, dass ihr euren Ehepartner befriedigen könnt. Gott hat uns Sex geschenkt, und er will, dass wir in diesem Bereich des Ehelebens vollständig gesegnet sind.

Das *dritte*, was eine Frau zu diesem Thema wissen muss ist, dass Sex für einen Mann die Art und Weise ist, wie er seiner Frau Liebe ausdrückt. So ist es: Im Bett kann der Mann seiner Frau beweisen, dass er sie wirklich liebt und nicht nur seine eigene egoistische Begierde befriedigen will. Wir sollten unsere Beziehung in der Ehe ständig durch Sex erneuern und frisch erhalten.

Das *vierte*, was eine Ehefrau über ihren Mann wissen sollte, hat mit einem Problem zu tun, das Männer viel häufiger befällt als Frauen. Es ist das Problem der unreinen Gedanken. Wenn ein Mann eine Frau ansieht, sie zu begehren, hat er in seinem Herzen schon Ehebruch mit ihr begangen (*Matthäus 5, 28*).

Oft lassen es Männer zu, dass sich ein »lüsternes Bild« in ihren Geist einprägt und das spielen sie dann wieder und wieder ab. Frauen, helft euren Ehemännern, pornografische Magazine und Filme loszuwerden: Wenn dein Mann deinen Körper nicht kennt, nicht weiß, wie er an deinem Körper Vergnügen empfinden kann, dann wird er sich Bilder von nackten Frauen in Zeitschriften anschauen und erotische Filme konsumieren. Du wirst neben ihm im Bett liegen, und er starrt (innerlich) auf die Brüste einer fremden Frau, die er auf dem Bildschirm gesehen hat. Eine gute sexuelle Beziehung mit seiner Frau ist die einzige »Medizin«, die einen Mann vor widerwärtigen und geschmacklosen Gedanken bewahren oder ihn davon heilen kann. Nur dadurch wird er die Chance bekommen, frei von Pornografie zu leben.

Wenn jemand zum Beispiel einen neuen Mercedes besitzt, dann wird er nicht diejenigen beneiden, die ein kleines altes Auto fahren. Wenn ein Ehemann aus der intimen Beziehung mit seiner Frau völlige Befriedigung erlangt, dann kann er ohne weiteres an den Frauen mit den langen Beinen und kurzen Röcken vorbeigehen, die ihm auf der Straße oder am Arbeitsplatz begegnen. Zu Hause hat er nämlich eine Ehefrau, die viel wertvoller ist.

Frauen, Gott hat euch hübsch gemacht. Schämt euch nicht eurer Schönheit! Helft euren Ehemännern, von Attacken befreit zu leben. Der Teufel greift durch das Fernsehen an, durch Zeitungen und Magazine, weil er weiß, dass solche Bilder sich im Kopf eines Mannes festsetzen, dass sie früher oder später zu Eheproblemen führen werden. Ihr Frauen solltet das, was ihr besitzt, einsetzen, damit eure Männer keine Zeit und kein Interesse haben, sich anzuschauen, was andere Frauen bieten könnten. Der Mann in der Bibel, den das Hohelied beschreibt, ist sich dessen bewusst. Er lobt seine Geliebte deswegen, und er versteckt seine Gefühle nicht.

Kapitel 5: Was Ehemänner wissen müssen

Sprüche 18, 22
Wer eine Frau gefunden, hat Gutes gefunden und hat Wohlgefallen erlangt von dem HERRN.

Es ist gut, eine Frau zu haben. Die Bibel sagt, dass eine Frau etwas Gutes ist. Diese Worte müssen zur festen Überzeugung jedes Ehemannes werden. Als du deine Frau vom Herrn empfangen hast, hast du auch seine Gunst empfangen. Daher solltest du nicht nach ihren Schwächen Ausschau halten, sondern sie als unverdientes Geschenk der Gnade vom Herrn annehmen. Als Gott im Himmel deine Ehe geplant hat, hat er dir auch die Gnade geschenkt, durch die vielfältigen Prüfungen des Familienlebens hindurch zu gehen.

Mangelndes Verständnis für die prinzipiellen Unterschiede zwischen Mann und Frau kann zu gewaltigen Problemen zwischen Ehemann und Ehefrau führen. Häufig sehen wir den Unterschied zwischen dem »starken Geschlecht« und dem »schwachen Geschlecht« aus dem physischen Blickwinkel. Allzu oft jedoch entgehen uns die Unterschiede in der Psyche, und das führt zu vielen familiären Konflikten.

Das *erste*, was ein Mann über seine Ehefrau wissen muss ist, dass Gott sie völlig anders erschaffen hat. Der Körper einer Frau ist genetisch anders als der eines Mannes. Die Verdauungsorgane und die Schilddrüse einer Frau funktionieren anders (ganz zu schweigen von den

Geschlechtsorganen). Auch das Denken und Schlussfolgern einer Frau ist ganz anders. Frauen sind, im Gegensatz zu Männern, sehr intuitiv. Ein Mann ist oft verbal zurückhaltend, während eine Frau sagt, was sie denkt. Eine Frau muss immer alle Einzelheiten erfahren, und das kann manchen Mann zornig machen.

Zweitens muss jeder Mann wissen, dass jede Ehefrau Achtung, Aufmerksamkeit und Verehrung braucht. Wer sich seiner Frau widmet, kümmert sich gleichzeitig um sich selbst. Die Frau ist der Trost des Mannes, seine Krone und der Schatz seines Herzens. Männer, ihr solltet nie auf eure Frauen herabsehen. Das ist eine große Sünde. Es ist natürlich, dass ihr vom Leben in Anspruch genommen werdet und vor lauter Arbeit manchmal keine Zeit habt, über eure Frau nachzudenken. Lasst euch die Freude und das Glück des Ehelebens aber nicht von eurer Arbeit rauben!

Egal wie viel du zu tun hast, du solltest nie vergessen, deiner Frau Komplimente zu machen. Du solltest ihr immer Dank sagen und Komplimente machen, dass sie deine Frau ist, nicht nur dann, wenn sie dir eine Freude macht. Du solltest ihr sagen, wie sehr du sie schätzt, dass sie dir kostbar ist und wie dankbar du Gott bist, dass er dir die beste Frau geschenkt hat.

Sag ihr diese Dinge so bald wie möglich, und so oft wie möglich, denn deine Frau braucht das sehr! Vielleicht hast du es noch nie getan, oder du bist es nicht mehr gewöhnt, solche Worte auszusprechen ... fang an zu reden, und du wirst drastische Veränderungen in deinem Familienleben beobachten. Natürlich wird nicht alles gleich wie geschmiert laufen. Fasse Mut und tu diesen wichtigen Schritt: Sieh ihr in die Augen, schieb die Verlegenheit beiseite, vergiss, wie lange ihr schon zusammen lebt und sprich es aus: *»Wie wunderbar du doch bist, mein Schatz!«*

Wenn dir noch der Mut fehlt, diese kostbaren Worte auszusprechen, dann schreib eine Notiz für deinen Schatz und lege sie irgendwo hin, wo deine Frau sie findet. Im Laufe der Zeit wird es dir leichter fallen, solche romantischen Sätze zu sagen und das unbequeme Gefühl dabei zu überwinden. Eure Beziehung wird sich grundlegend ändern. Selbst das Essen, das sie kocht, wird schmackhafter sein, weil es nicht nur mit Salz und Pfeffer gewürzt ist, sondern auch mit Liebe.

Die schlimmste Demütigung, die einer Frau widerfahren kann, findet statt, wenn ihr Mann sich weigert, sie als Partnerin zu behandeln. Die Frau muss immer wissen und fühlen, dass sie für ihren Ehemann wichtig ist. Wenn du ihr am Morgen und dann den ganzen Tag hindurch schmeichelnde und nette Worte sagst, dann wird dein Sexleben immer wunderbar sein. Du solltest ihr deine Liebe ständig ausdrücken, durch Berührungen, Küsse, Geschenke, Anrufe und Komplimente.

Die Frauen sind die hübsche Hälfte der Menschheit, und Männer sollten immer die neue Frisur ihrer Ehefrauen bemerken, ihre Kleider und ihr Make-up. Wenn das Bedürfnis deiner Frau nach Achtung und Aufmerksamkeit ungestillt bleibt, dann wird sie dauernd verunsichert sein, Gefühlsschwankungen haben, allerlei Probleme werden unvermeidbar.

Drittens ist jeder Frau ihr Zuhause sehr wichtig. Die Wohnung ist der Bereich, in dem sie Erfüllung als Frau finden kann, daher ist es für den Ehemann sehr wichtig, Interesse zu zeigen, im Haushalt zu helfen und Aufgaben zu übernehmen. Es geht nicht darum, dass deine Frau nicht in der Lage wäre, die Haushaltsarbeiten selbst zu schaffen, aber wenn du ihr hilfst, dann offenbarst du damit deine Liebe.

Viertens ist es entscheidend wichtig für einen Mann, dass er die Gefühlswelt seiner Frau versteht. Frauen empfinden anders als Männer. Für eine Frau ist die Lösung ihrer Probleme weniger wichtig als die Tatsache, dass du Anteilnahme und Mitgefühl mit ihrem Zustand zeigst. Wenn du ihre Gefühle mit ihr teilst, dann wird sie das zu schätzen wissen, viel mehr, als wenn du eine Million für die Lösung des Problems ausgeben würdest.

Fünftens: Stimmungsschwankungen sind ein angeborener Bestandteil des weiblichen Charakters. Eine Frau kann nicht immer gleichmütig bleiben, Männer halten das oft für Launenhaftigkeit. Es ist jedoch nichts weiter als ein hormonelles und natürliches Phänomen.

Sechstens sind Frauen emotionaler: Sie weinen vielleicht, und dabei »entlüften« sie ihre Gefühle. Ehemänner, lernt es, eure Frauen zu verstehen, anstatt sie zu schelten oder für dumm zu halten.

Das *siebte*, was ein Mann über die Frauen wissen muss ist, dass die Fürsorge, Aufmerksamkeit und Liebenswürdigkeit eines Mannes für sie immer wertvoller sind als irgendwelche materiellen Geschenke oder der Lebensstandard.

Hohelied 2, 11
Denn siehe, der Winter ist vorbei, die Regenzeit ist vorüber, ist vergangen.

Dieser Vers zeigt, dass der Mann nach dem richtigen Augenblick Ausschau halten soll, um mit seiner Frau intim zu werden. Der Mann sollte so viel Zeit wie möglich mit seiner Ehefrau verbringen. *»Der Winter ist vorbei, die Regenzeit ist vorüber ...«*, also sage nun nicht: *»... jetzt kann ich ausgehen.«* Erfinde keine Ausreden, vermittle ihr nicht das Gefühl, dass du sie nicht brauchst, sondern genieße und verbringe deine Zeit mit der Frau deiner Jugend!

Ehemänner, ihr solltet euch neue Aktivitäten mit eurer Ehefrau und den Kindern ausdenken. Mancher sagt: *»Na ja, wir gehen doch zusammen zur Gemeinde, zur Kirche.«* Das ist sehr gut. Doch abgesehen davon könntest du deine Familie auch zum Essen ausführen, sie mit einer selbst gekochten köstlichen Mahlzeit verwöhnen, oder deine Frau damit überraschen, dass du den ganzen Haushalt besorgst (Wäsche waschen, Bügeln, Saubermachen). Ein liebendes Herz wird immer Wege finden, schöne Dinge für die Familie zu tun, und vor allem für seine geliebte Frau.

Liebe ist kreativ, daher sollte es dir nicht an Möglichkeiten mangeln, deine Liebe auszudrücken.

Geh mit deiner Familie im Park spazieren. Geh mit deiner Frau einkaufen und kaufe ihr ein neues Kleid, besorge ihr ein Geschenk oder bringe ihr Blumen mit. Wenn du das tust, baust du an einem liebevollen und fürsorglichen Familienleben.

Nun mag jemand einwenden, das sei alles nicht »geistlich«. Wir reden hier jedoch nicht über Geistlichkeit, sondern über die Person, die ein Fleisch mit dir ist. Gott lehrt uns alles durch sein Wort, die Bibel! Wir sollten nicht den einen, den »geistlichen« Teil annehmen, und den Rest missachten. Die Bibel ist ein ausgewogenes Buch, und unser gesamtes Leben muss mit ihr übereinstimmen.

Hohelied 2, 12
Die Blumen zeigen sich im Lande, die Zeit des Singens ist gekommen, und die Stimme der Turteltaube lässt sich hören in unserm Land.

Viele Frauen müssen ihre Männer daran erinnern, dass der Frühling da ist, dass die Blumen blühen, denn oft bemerkten Ehemänner die Blüten nicht. Wenn du ihr Blumen schenkst, dann ist das eine der Möglichkeiten, ihr eine Freude zu machen. Mancher moderne Mann »bemerkt« die Blumen nur am Muttertag, am Valentinstag oder am Geburtstag seiner Frau. Liebst du deine Frau nur an diesen Tagen? Liebe sie immer, und lerne es, zu mögen was sie mag, denn ihr seid ein Fleisch!

Hohelied 2, 12b
... die Zeit des Singens ist gekommen, und die Stimme der Turteltaube lässt sich hören in unserm Land.

Früher haben Männer ihre Liebe vertont, indem sie ihrer Geliebten etwas zugesungen haben. Wenn du talentiert bist, Gedichte schreiben oder singen kannst, dann mach deiner Frau diese Freude, anstatt deine Begabung zu vergraben. Durch so etwas kann eine Beziehung sogar noch erregender werden. Und wenn du keine musischen Talente hast, dann nimm deine Frau mit in ein Konzert oder ins Kino.

Hohelied 2, 13
Der Feigenbaum rötet seine Feigen, und die Reben, die in Blüte stehen, geben Duft. Mach dich auf, meine Freundin, meine Schöne, und komm!

Schau dir diese liebevolle und zärtliche Art an, die Ehefrau anzusprechen. Eine solche Sprache sollte die einzige akzeptable Form der Kommunikation zwischen Eheleuten sein.

Ich verstehe nicht, wie ein Mann gegen seine Frau die Stimme erheben kann! Es muss gegenseitigen Respekt in der Ehe geben, Hochachtung vor einander zwischen Mann und Frau. Es gibt keinen Platz für Grobheit und Gebrüll, wo die Liebe regiert. Zärtlichkeit, Sanftheit, Achtung und tiefe Zuneigung sind unverzichtbare Bestandteile einer liebevollen Beziehung.

Viele Frauen werden frigide, weil sie ständig Streit und Respektlosigkeit von ihren Ehemännern erfahren. Aus einer Ehe, in der es keinen gegenseitigen Respekt gibt, kann nichts Gutes werden. Manche Männer begreifen nichts, sie jammern: *»Ich habe ihr ein Haus gekauft, ein Auto, Pelzmäntel und Kleider. Was braucht sie denn noch?«* Es ist eine Tatsache, dass es beim Eheleben nicht nur um materielle Dinge geht. Die Frau möchte, dass ihr Ehemann sie voller Zärtlichkeit achtet und umsorgt, denn das ist wertvoller als zehn Milliarden Euro.

Hohelied 2, 14 a
Meine Taube in den Schlupfwinkeln der Felsen, ...

»Meine Taube ...« Achte darauf, wie der Ehemann hier seine Frau anspricht. Ich will euch ermutigen, einander nicht mit dem Namen anzureden, sondern einen Kosenamen zu wählen. Zu Hause spreche ich meine Frau auch nicht mit ihrem Namen an. Ich nenne sie »meine Prinzessin«, und das wird mich jederzeit davon abhalten, meine Stimme ihr gegenüber zu erheben, denn eine derartige Anrede sorgt für ein respektvolles Klima und hebt eine Beziehung automatisch auf eine höhere Ebene.

Es gibt in jeder Sprache solche Kosenamen wie *»mein Schatz, meine Liebste, meine Taube ...«*

Hohelied 2, 14 b
... lass mich deine Gestalt sehen, lass mich deine Stimme hören! Denn deine Stimme ist süß und deine Gestalt anmutig.«

Was für wunderbare Worte! Auch du solltest deiner Frau Komplimente machen, indem du ihr sagst: *»Dein Gesicht ist wunderschön«, »Du siehst atemberaubend aus!«, »Deine Frisur ist sehr hübsch«*. Du magst dich nun fragen: *»Was soll das alles? Meiner Frau ist so etwas egal ...«* - weißt du, warum du so denkst? Weil du das Gefühl des Frauseins in deiner lebenslangen Ehepartnerin hast absterben lassen; denn Gleichgültigkeit gehört nicht zur weiblichen Natur!

Lasst uns vom Hohelied Salomos lernen und dem gehorchen, was die Bibel über die Liebe eines Mannes für seine Ehefrau sagt.

Hohelied 4, 1
Siehe, schön bist du, meine Freundin. Siehe, du bist schön! Deine Augen leuchten wie Tauben hinter deinem Schleier hervor. Dein Haar ist wie eine Herde Ziegen, die vom Gebirge Gilead hüpfen.

Ehemänner, versucht einmal, euch zu erinnern, wann ihr eurer Frau das letzte Mal ein Kompliment darüber gemacht habt, wie wunderbar sie aussieht, wie hübsch sie ist. Möglicherweise machst du fremden Frauen und Mädchen auf der Straße mehr Komplimente?

Glaube ist die Überzeugung von Dingen, die man nicht sieht. Der Kern des Glaubens liegt darin, dass etwas durch unser Vertrauen zur Realität wird, was noch nicht sichtbar ist. Wir glauben, dass wir Jesus Christus von Angesicht zu Angesicht sehen und in sein himmlisches Königreich hineinkommen werden. Wir zweifeln nicht daran. Darum nennt man uns Gläubige.

Wenn du ein Gläubiger bist, dann solltest du auch glauben und bekennen, was du in deiner Frau zu sehen erwartest, selbst wenn es noch nicht sichtbar ist. Durch dein Bekenntnis wird eine Empfängnis »hervorgerufen«, und das, woran du glaubst, wird wachsen und sichtbar werden. Du wirst immer das bekommen, was du aussprichst und mit deinem Mund bekennst.

Wenn du deiner Gattin sagst, sie sei eine Niete, dann wird sie eine sein. Wenn du ihr sagst, sie sei dumm und hässlich, dann wird sie genau dazu werden, aber niemals eine kluge und hübsche Frau. Wenn du jedoch sagst und bekennst »meine Frau ist die Beste, die Zärtlichste ...«, dann wird sie so werden. Darum lehrt uns die Bibel, immerzu auf solche Weise mit unseren Frauen zu sprechen, und nicht etwa nur dann, wenn sie wirklich bereits hübsch sind.

Hohelied 4, 2-3
Deine Zähne sind wie eine Herde frisch geschorener Schafe, die aus der Schwemme heraufkommen, jeder Zahn hat seinen Zwilling, keinem von ihnen fehlt er. Wie eine karmesinrote Schnur sind deine Lippen, und dein Mund ist lieblich. Wie eine Granatapfelscheibe schimmert deine Schläfe hinter deinem Schleier hervor.

Die Bibel erinnert uns daran, auf diese Weise mit unseren Frauen zu reden. Gott will, dass der Ehemann seine Frau lobpreist, neue leidenschaftliche Worte findet, Kosenamen und Metaphern, Tag für Tag.

Hohelied 4, 5
Deine beiden Brüste sind wie zwei Kitze, Zwillinge der Gazelle, die in den Lilien weiden.

Warum hat der Mann keinen Busen? Gott gab der Frau nicht nur zum Stillen der Kinder Brüste, sondern auch, damit der Mann an den Brüsten seiner Frau Ruhe finden kann. Dieser Vers aus der Schrift bestätigt die Tatsache, dass die Brüste für den Ehemann wichtig sind; sie sind ein

Segen für ihn. Das bedeutet, dass Männer ihren Frauen buchstäblich über alles Komplimente machen müssen. Das ist entscheidend wichtig für die Schaffung einer engen Beziehung zwischen den beiden.

Viele verheiratete Männer schauen sich erotische und pornografische Filme an, durch die ihre Aufmerksamkeit von ihren Frauen weg auf fremde Frauen gelenkt wird. Das ist jedoch nicht Gottes Plan. Das ist ein Pfad, der zu Fluch und Zerstörung führt. Und das geschieht, weil der Mann nicht zu schätzen weiß, was seine Frau hat. Männer, ich fordere euch heraus, dass ihr die Körper eurer Frauen zu genießen beginnt und ihnen ständig Komplimente macht.

Deine Frau ist die Gabe Gottes an dich, und daher solltest du sie wertschätzen und für kostbar halten!

Hohelied 4, 6
Wenn der Tag verhaucht und die Schatten fliehen, will ich zum Myrrhenberg hingehen und zum Weihrauchhügel.

Wir haben bereits festgestellt, dass Männer mit mehr spannenden Freizeitaktivitäten für ihre Familien aufwarten sollten. Sie müssen wissen, wann die Blumen blühen und wie das Wetter sein wird, damit sie zusammen im Park spazieren gehen können, oder vielleicht an einen Strand oder in einen Freizeitpark fahren. Ehemänner, ihr solltet euch darauf konzentrieren, eure Frauen heute glücklicher zu machen, als sie gestern waren. Dann werden eure Frauen aufblühen und euch mit Freude und Glück ausstatten!

Hohelied 4, 7

Alles an dir ist schön, meine Freundin, und kein Makel ist an dir.

So solltest du mit deiner Frau sprechen, selbst wenn sie frigide ist. Wenn du sie lobst und mit Komplimenten überschüttest, wenn du das richtige Wort zur richtigen Zeit aussäst, dann wird der Geist der Frigidität weichen und die Sexualität in deiner Frau erwachen. Du solltest sie wissen lassen, wie wundervoll sie in allen Dingen ist, sie wird auf jeden Fall darauf reagieren.

Wenn du meinen Worten nicht glauben willst, dann mache einen Versuch: Triff die Entscheidung, deine Frau zu loben, und mach ihr vom Morgen bis zum späten Abend Komplimente. Sobald du aufwachst, sag ihr wie sehr du sie liebst, du kannst ihre Frisur loben, ihre Kleidung ... und dann wird deine Frau so werden, wie du sie schon immer gerne sehen wolltest. Gott hat die Frauen so geschaffen, und deshalb weist uns die Bibel an, sie auf diese Weise anzusprechen. Es ist ihre Natur, selbst wenn sie sich dagegen wehren.

Viele Frauen verstecken ihre Sexualität und ihren Charme tief drinnen. Das kann an einer schlechten Kindheit liegen, oder an einem nicht funktionierenden Elternhaus, oder auch an früherem Missbrauch. Ehemänner, ihr solltet anfangen, euren Frauen wunderbare Worte zu sagen, um ihr Selbstbewusstsein und ihr Vertrauen aufzubauen.

Viele Ehemänner haben keine Ahnung von der weiblichen Anatomie und Physiologie. Du hast eine Ehefrau, aber du weißt nicht, wie ihr Körper worauf reagiert, und dann verlierst du die Nerven - aufgrund deines eigenen Unwissens. Du hältst sie für schwierig und unberechenbar. Doch das stimmt nicht. Manchmal weiß auch die Frau nicht Bescheid über das, was der Mann bezüglich weiblicher Sexualität verstehen muss, und daher kann sie es ihm nicht erklären.

Erstens ermöglicht das Intimleben einer Frau, ihre weibliche Identität zu finden. Die Ehe ist sehr wichtig. Manchmal sagen Männer, ihre Frauen seien beim Sex nicht kooperativ. Der wahre Grund liegt jedoch nicht bei deiner Frau, sondern in der Art und Weise, wie du dich ihr näherst. Männer wollen einfach nur Geschlechtsverkehr haben, während Spielerei und Vorbereitung für eine Frau sehr wichtig sind. Der Wunsch, mit ihrem Mann zu schlafen, hängt davon ab, wie er den ganzen Tag mit ihr umgegangen ist. Wenn ein Mann schon am Morgen gleichgültig und respektlos ist und dann am Abend sagt *»ich will Sex«*, dann wird die Reaktion der Frau so aussehen: *»Es ist mir egal, was du willst.«* Dein Begehren wird sie als Beleidigung verstehen. Sie ist keine Maschine, die man nach Belieben ein- und ausschalten kann. Gott hat sie mit einem anderen Naturell ausgestattet, daher musst du dich ihr auch anders nähern.

Ein Ehemann muss dafür sorgen, dass seine Frau in guter Stimmung ist, und das muss lange vor der Intimität geschehen. Wenn ihr den Tag über gestritten und gezankt habt, und deine Frau sich abends nach deiner »Ouvertüre« aus Tiraden und Wutausbrüchen mit Sex einverstanden erklärt, dann wird der Geschlechtsakt alles andere als gut sein, du wirst dabei nicht besonders viel Vergnügen erleben.

Wenn du nicht auf deine Frau wartest, führt das zu beiderseitiger sexueller Unzufriedenheit. Das Vorspiel stärkt das Verlangen einer Frau nach sexueller Vereinigung. Deine Frau misst die Tiefe deiner Liebe, deiner Achtung und deiner Ehrerbietung an der Qualität des Vorspiels. Wenn du sagst, »zieh dich aus, los geht's«, dann kommt sie vielleicht auf den Gedanken, dass du sie wie eine Prostituierte behandelst. Sie möchte, dass du sie liebevoll und ehrerbietig behandelst. Eine sexuell unbefriedigte Frau wird ein geringes Selbstbewusstsein haben, sie ist leicht gereizt, erschöpft und unproduktiv bei ihrer Arbeit, zieht sich zurück.

Viele Frauen haben ein Problem: Sie fühlen sich nicht als Frau. Sex ohne Vorbereitung und Vorspiel ist die Wurzel dieses Problems.

Oft führt die unterschiedliche Herangehensweise an Sex von Mann und Frau zu Eheproblemen. Wenige Frauen drücken das in Worten aus. Daher muss der Mann vorsorglich herausfinden, wie seine Frau empfindet und was sie bei der Intimität möchte.

Zweitens überzeugt eine gesunde Beziehung eine Frau von der Liebe ihres Ehemannes. Manchmal gerät eine Frau in Versuchung. Doch die zärtliche Herangehensweise und die Fähigkeit ihres Mannes, sie im Bett zu befriedigen, wird sie davon abhalten, der Versuchung zu erliegen; sie wird in der Lage sein, jegliche Angriffe des Teufels abzuwehren.

Um herauszufinden, ob ihr in eurer Ehe die richtige Einstellung zu eurem Partner habt, solltet ihr die folgenden

Fragen beantworten. Das muss aufrichtig vor Gott und deinem Ehepartner geschehen, um herausfinden zu können, was in eurer Ehe in Ordnung gebracht werden muss.

1. Was hältst du von eurer Ehe?

2. Was glaubst du ist die Meinung deines Ehepartners bezüglich eurer Ehe?

3. Schreibe eine Liste der Stärken eurer Ehe auf.

4. Schreibe eine Liste der Schwächen eurer Ehe auf.

5. Welche Momente in eurer Ehe machen dir die größte Freude?

6. Was betrübt dich in deiner familiären Beziehung am meisten?

7. In welchen Dingen seid ihr geteilter Meinung?

8. Wie glaubst du, dass du und dein Ehepartner diese Dinge bereinigen könnt?

9. Was kannst du deinem Ehepartner nicht vergeben?

Erzählt einander eure Bedürfnisse und Sehnsüchte. Bekennt einander eure Sünden und verschweigt nicht, was ihr einander nicht vergeben könnt. Tut Buße darüber.

Die Bibel sagt, dass derjenige plötzlich zu Fall kommen wird, der seine Sünde verbirgt. Es wird für ihn keine Rettung geben. Aber wer bekennt und dann die Schuld vergisst, wird von Gott Gnade empfangen. Daher solltet ihr einander in Demut eure Sünden bekennen und Gott bitten, dass er sie euch vergibt.

Wenn es zu schwer für dich ist, deine Sünde auszusprechen, dann schreibe sie auf und zeige deinem Ehepartner den Zettel.

Betet zusammen und bittet Gott, dem Ehepartner das zu vergeben, was ihr selbst nicht vergeben konntet. Bittet den Herrn um die Kraft, das schließlich doch zu tun. Das wird eure Familie glücklicher machen.

Manchmal fehlt uns die Kraft, etwas zu tun, obwohl wir es wollen. Aber es gibt einen Gott, der uns seine Kraft schenkt, seine Gnade und Weisheit. Und er wartet darauf, dass du ihn um Hilfe bittest.

Sex ist der Höhepunkt der Intimität zwischen Ehemann und Ehefrau. Doch was geschieht davor? Das werden wir im nächsten Kapitel betrachten.

Kapitel 6: Die Liebe versagt nie

Das Hohelied Salomos ist ein Bild für die Beziehung zwischen Jesus und der Gemeinde, gleichzeitig aber auch ein Muster für die Beziehung zwischen Ehemann und Ehefrau.

> *Hohelied 2, 2-4*
> *Wie eine Lilie unter Dornen, so ist meine Freundin unter den Töchtern.*
> *Wie ein Apfelbaum unter den Bäumen des Waldes, so ist mein Geliebter unter den Söhnen. In seinem Schatten zu sitzen, gelüstet es mich, und seine Frucht ist meinem Gaumen süß.*
> *Er hat mich ins Weinhaus hineingeführt, und sein Zeichen über mir ist Liebe.*

Liebe ist Achtung, Bewunderung, Anbetung. Liebe ist Genuss, der nie vergeht. Doch sobald Bewunderung, Komplimente und der innerliche Genuss aus der Beziehung zwischen Mann und Frau in einer Ehe verschwinden, geht auch die Liebe fort. Die eheliche Beziehung kann zu einem Verhältnis werden, in dem man einander benutzt und für selbstverständlich hält. Es ist sogar möglich, dass Menschen unter dem gleichen Dach leben, das gleiche Bett teilen und einander dennoch anschreien und fortwährend streiten.

Ist das nicht so etwas wie Prostitution? Männliche und weibliche Prostitution ergreifen Besitz von einer Familie, wenn Mann und Frau Liebe und Sex voneinander abtrennen. Die Dankbarkeit und der Genuss, die das Hohelied Salomos in den Gesprächen des liebenden Paares durchziehen, offenbaren den inneren Zustand: Vertrauensvolle Herzen und das Entzücken, das immer mit einem vertrauensvollen Herzen einher geht.

Das Konzept der Liebe geht weit über die bloße Intimität hinaus. Was ist das Fundament wahrer Liebe? Im Fundament einer Ehebeziehung finden wir Freundschaft. Das ist die *erste* Ebene der Beziehung, und gleichzeitig die Grundlage für die Liebe. Die Beziehung in einer Ehe muss aus Freundschaft entstehen und von ihr zusammengewebt werden. Dein Ehepartner muss dein Leben lang dein bester Freund bleiben. Es ist entscheidend wichtig, dass ihr es lernt, euch mit völligem Vertrauen auf einander zu verlassen, bevor ihr eine intime Beziehung beginnt. Wenn in deiner Familie keine freundschaftliche Beziehung zu finden ist, dann solltest du anfangen, sie zu entwickeln.

Wann immer ich merke, dass der Zug hin zur Gemeinde stärker wird als der Zug zu meiner Familie, weise ich mich selbst zurecht und versuche, meiner Familie mehr Aufmerksamkeit zu widmen. Ich arbeite daran, mich zu verbessern, ergreife die Autorität über meine Gefühle und bringe sie wieder in die richtige Rangfolge. Zuhause muss der Ort sein, an dem ich mich wohler fühle als irgendwo anders, sogar wohler als in der Kirche. Gottes Plan für mich sieht nicht vor, dass ich mich in die Gemeinde verliebe, denn die Gemeinde ist die Braut Christi. Wenn ich es mir erlaube, mich in die Gemeinde zu verlieben, dann begehe ich Ehebruch.

Das gleiche ist der Fall, wenn dir die Arbeit oder der Dienst wichtiger wird als deine Familie. Deine Familie muss deine Priorität sein, und in ihr nicht die Kinder, sondern dein Ehepartner, weil deine Kinder heranwachsen und ihr Elternhaus verlassen werden. Dann müsstet ihr von neuem lernen, einander zu lieben.

Gottes Priorität für dich ist, dass du deine Ehefrau, deinen Ehemann liebst. Alles andere in deinem Leben muss sich daher dieser Liebe unterordnen.

Ich bin Pastor und habe viel mit Menschen zu tun; manchmal bemerke ich dabei, dass ich jemanden in mein Herz hinein lasse. Dann reiße ich diesen Keim sofort aus, bevor er Wurzeln treiben kann, weil ich weiß, dass nach meiner Beziehung zu Gott meine Familie die höchste Priorität hat. Wir alle werden tausenden Versuchungen begegnen, und wir werden viele Menschen mögen. Doch Disziplin, Treue und Entschlossenheit werden uns helfen, »nein« zu sagen!

Freundschaft ist die Grundlage in meiner Familie, und sie ist der wichtigste Schritt, der mich zielstrebig zur echten Liebe führt. Es ist Freundschaft, die mich nach Hause zieht. Ich liebe, ehre und achte meine Frau. Am liebsten bin ich bei ihr zu Hause. Sie ist meine beste Freundin, und ich bin gewillt, alles zu tun, was unsere Freundschaft stärken kann, denn das wird auch unsere Liebe intensivieren.

Ein Mensch, der frei ist, kann nicht von seinen Gefühlen gelenkt werden. Freiheit besteht darin, Gefühle im Zaum zu halten. Das bedarf einer Entscheidung.

Ein geistlicher Säugling mag noch glauben, dass er mehrere Frauen gleichzeitig lieben kann. Er hat seine Gefühle noch nicht gebändigt. Daher ist er ein Sklave dieser Gefühle, sie werden sein Leben regieren. Das wird zu Entmutigung führen, zu Enttäuschungen. Unkontrollierbare Gefühle führen einen Menschen in die Gefangenschaft. Daher musst du über deine Gefühle herrschen.

Die Freundschaft wird dafür sorgen, dass du deine Frau nicht nur als Mutter deiner Kinder siehst, oder als deine Haushälterin. Freundschaft wird Ordnung und Verständnis in die Familie bringen. Eine freundschaftliche Beziehung wird Irritationen und Zorn auf deinen Ehepartner verhindern. Einen Freund brüllt man nicht an, da man ihn respektiert, nicht wahr? Wie viel mehr solltest du deine Frau achten!

Die *zweite* Ebene der Liebe ist Mitgefühl, was folgende Bedeutung hat:

> *Johannes 3, 16*
> **Denn so hat Gott die Welt geliebt, dass er seinen eingeborenen Sohn gab, damit jeder, der an ihn glaubt, nicht verloren geht, sondern ewiges Leben hat.**

Gott hat Mitgefühl mit uns. Er will weder, dass wir Bestrafung für unsere Sünden erleiden, noch dass wir verloren gehen. Darum hat er sich entschieden, seinen Sohn zu opfern.

Mitfühlende Liebe versetzt mich jederzeit in die Lage meiner Frau. Mitgefühl lässt es nicht zu, dass ich etwas von meiner Frau verlange, was ihr unangenehm oder was schwer für sie ist. Viele Männer lassen ihre Frauen praktisch alles tun: Kochen, Bügeln, Schuhe putzen, Betten machen, auf die Kinder aufpassen und das Haus sauber halten und so weiter. Und darüber hinaus muss die Frau womöglich noch einer bezahlten Arbeit nachgehen. Das ist fürchterliche Ausbeutung.

Christliche Liebe ist voller Mitgefühl. Das Gebot Gottes sagt: Liebe deinen Nächsten wie dich selbst. Verlange nicht von deiner Frau, etwas zu tun, was du selbst nicht tun würdest. Du solltest dir immer eine Frage stellen: *»Wäre ich bereit, das zu tun, was ich von ihr fordere?«*

Männer, die kein Mitgefühl haben, lassen es zu, dass ihre Frau ohne vorherige Planung schwanger wird und dann behaupten sie, dass Gott sie mit Kindern gesegnet habe. Aber Gott war es nicht, der mit deiner Frau geschlafen hat! Eine solche Einstellung beweist, dass du keine mitfühlende Liebe besitzt, dass du eine selbstsüchtige Person bist. Eine Frau braucht mindestens 18 Monate, um sich von einer vorangegangenen Schwangerschaft zu erholen und physisch bereit zu sein, ein neues Leben zu empfangen. Es ist entscheidend wichtig, dass wir das wissen.

Als Gläubige sind wir berufen, andere Menschen aufzurichten und ihnen beizubringen, das Richtige zu tun. Die medizinische Forschung hat bestätigt, dass häufige Schwangerschaften in kurzen Abständen zu gesundheitlichen Problemen führen können. Die Folge ist, dass derartig lieblose Ehemänner schließlich ihre Frau pflegen und zu Gott beten müssen, dass er sie heilt.

Wir sind zu geistlich geworden. Wir leben in einer physischen Welt und müssen uns mit den normalen Dingen des Alltags beschäftigen. Wenn wir das nicht tun und dann etwas schief geht, ist es natürlich leicht, Gott die Schuld zu geben anstatt sich selbst. Aber: Er hat uns bereits das Gebot gegeben, das die Grundlage jeglicher Beziehung zwischen Menschen ist: *»Zwinge deinen Nächsten nicht, etwas zu tun, was du selbst nicht tun willst.«* Anders ausgedrückt sollst du deinen Nächsten so behandeln, wie du selbst behandelt werden willst.

Wenn ein Mann kein Mitgefühlt hat, dann führt das dazu, dass manche Frau eine Abtreibung vornehmen lässt und anschließend bitter leidet; körperlich an Krankheit und emotional, weil sie das ungeborene Kind getötet hat. Warum lässt du als Mann nicht eine Operation vornehmen, die dafür sorgt, dass deine Frau keine Abtreibung braucht? Nur die Liebe kann uns dabei helfen, einander zu bewahren, uns um das Leben des Nächsten zu kümmern und mitfühlende Beziehungen aufzubauen.

Wenn ein Mann von mitfühlender Liebe motiviert ist, dann verbringt er Zeit mit seinen Kindern, hilft im Haushalt, sobald er von der Arbeit nach Hause kommt. Dann wird das Familienleben sinnvoll, interessant und fröhlich.

Ein Mann, der ständig hervorkehren muss, dass er das Haupt der Familie ist, hat offensichtlich ein geringes Selbstwertgefühl. Ein solcher Ehemann wird anfangen, aus der Bibel zu zitieren: *»Die Frau muss sich ihrem Mann unterordnen!«* Ist der Mann denn ein General, der Befehle zu geben hat? Du solltest zu Hause ein Klima schaffen, in das man jederzeit gerne zurückkommt. Es gibt Männer, die meinen, ihre Frau solle für eine solche Atmosphäre sorgen. Vollkommen falsch! Für mich gilt das folgende Prinzip: *»Ich muss alles tun, was ich kann, um aus meinem Zuhause ein Paradies zu machen!«* Es darf zu Hause kein gegenseitiges Anschreien geben, keinen Zank. Darin zeigt sich die Überlegenheit des Ehemannes, und nicht darin, dass er zu seiner Frau sagt: *»Du bist ungehorsam.«* Auch die Frau muss jederzeit die Gefühle des Ehemannes berücksichtigen, weil mitfühlende Liebe sich ununterbrochen um den anderen kümmert.

Ich will hier deutlich betonen, dass deine Ehefrau kein Möbelstück ist. Sie ist eine Person, keine Sache. Ausdrücke wie *»dies ist meine Ehefrau«* oder *»das ist meine Prinzessin«* beweisen Gleichwertigkeit und Partnerschaft. Ich besitze sie nicht, aber sie ist meine Gefährtin. Ich kann meine Frau nicht herumkommandieren, denn wir sind Kollegen.

Eine Schwester im Herrn sagte einmal zu mir: *»Ich weiß nicht, ob ich zur Gebetsversammlung gehen soll, mein Mann hat es nämlich verboten.«* Ich war überrascht und fragte: *»Hat er denn das Recht, das zu tun?«* Die Frau erklärte: *»Ich muss ihn ja auch um Erlaubnis bitten, wenn ich zum Einkaufen aus dem Haus gehen will ...«* Man sollte einen solchen Mann fragen: *»Aufgrund welcher Autorität tust du das? Hast du irgend ein Recht, deiner Frau irgend etwas zu verbieten?«*

Mitgefühl gehört zu den Grundlagen einer Ehe. Ich behandle meine Frau so, wie ich von ihr behandelt werden will. Wenn du willst, dass deine Frau dich um Erlaubnis bittet, falls sie etwas tun oder unternehmen will, dann solltest du das Prinzip auch auf dich selbst anwenden und sie um Erlaubnis bitten, wenn du etwas vorhast.

Der Epheserbrief sagt **»Ordnet euch einander unter in der Furcht Christi«** (Epheser 5, 21). Hier siehst du, dass nicht nur die Frau sich ihrem Ehemann unterordnen soll. Eine solch einseitige Unterordnung widerspricht der Schrift, denn die Bibel verlangt, dass Mann und Frau sich einander unterordnen müssen.

Die Überlegenheit des Mannes liegt nur darin, dass er das Recht hat, das letzte Wort zu haben. Das Prinzip, das ihr in eurem Eheleben festhalten solltet, ist jedoch Übereinstimmung in gegenseitiger Unterordnung. Die Furcht des Herrn liegt eurer Beziehung zugrunde: Der Ehemann fürchtet Gott und auch die Ehefrau fürchtet Gott; daher kann keiner von beiden Ehepartnern sich erdreisten, etwas zu tun, was der andere nicht will.

Ich fragte dann die Glaubensschwester: *»Musst du deinen Mann wirklich ständig um Erlaubnis bitten? Warum tust du das? Hat das etwas mit deiner Kultur zu tun?«* Sie antwortete: *»Nein, ich habe früher gemacht, was ich wollte, aber als ich Gott kennenlernte, habe ich Buße darüber getan.«* Sie war überzeugt, dass ihr Verhalten richtig war, dass sie ohne Erlaubnis ihres Ehemannes keinen Schritt tun durfte.

Das Wort Gottes lehrt uns, dass Ehemann und Ehefrau vor dem Herrn gleichwertig sind, denn die linke Hand ist genauso wertvoll wie die rechte. Gott hat den Menschen, sowohl den weiblichen als auch den männlichen, nach seinem Bilde erschaffen, ihm ähnlich. Daher darf ich Gott nicht beleidigen, indem ich meine Frau respektlos behandle.

Wenn meine Frau zu einer Versammlung gehen will oder persönliche Dinge zu erledigen hat, dann müssen wir gemeinsam entscheiden, wer bei den Kindern bleibt. Je nachdem, wie dringend es zu Hause etwas zu tun gibt, bleibt meine Frau oder bleibe ich zu Hause, oder wir bitten jemand anderen, uns auszuhelfen. Ich erlaube es mir nie, einfach »nein« zu sagen, bloß weil ich keine Lust habe, mich um die Kinder zu kümmern. Wenn ich die Kinderbetreuung für die einzige Aufgabe meiner Frau halte, dann ist das eine Missachtung der Ehe. Rechte und linke Hand sind gleich wichtig. Wir bedecken die Blöße unseres Ehepartners und ergänzen einander durch einvernehmliche Verabredungen.

Wenn ein Ehemann die Wünsche seiner Frau missachtet und autoritär verlangt: »Du versorgst den Haushalt und ich verdiene Geld!«, dann widerspricht das der Bibel. Die Bibel sagt: »... als Mann und Frau schuf er sie. ... Und sprach zu ihnen: Seid fruchtbar und vermehrt euch ...« (1. Mose 1, 27-28). Viele Menschen meinen, dass diese Verse nur auf die natürliche Vermehrung bezogen sind. Gott meint jedoch auch, dass zunächst und vor allem anderen der geistliche Teil eines jeden Menschen fruchtbar sein und sich vermehren soll, um seine beziehungsweise ihre Bestimmung im Leben zu erfüllen. Wir müssen an einander denken, nicht nur an uns selbst. Es steht geschrieben: **»Ein**

jeder sehe nicht auf das Seine, sondern ein jeder auch auf das der anderen!« (Philipper 2, 4)

Manchmal hat dein Ehepartner Sehnsüchte oder Träume, die du nicht verstehst. Aber es ist besser, sich selbst etwas zu versagen, wenn das ihn oder sie glücklich macht, als nein zu sagen. Das ist ein Zeichen von Achtung und ein Beitrag zum Wohlergehen deiner Beziehung. Ich lebe in Übereinstimmung mit den Prinzipien Gottes: Ich will, dass meine Frau mir jederzeit Freude macht, und daher versuche ich jederzeit, meine Frau glücklich zu machen.

Auch Ehefrauen sollten die Kunst beherrschen, ihren Mann jederzeit froh und glücklich zu machen.

Es kommt vor, dass wir einander unabsichtlich verletzten. Darum frage ich meine Frau häufig: »Ist alles in Ordnung? Habe ich dir irgendwie wehgetan?« Wenn ich ihr unabsichtlich Schmerzen zugefügt habe, dann muss meine Buße doch tief gehend und umfassend sein! Ich kann nicht die Wohnung verlassen und zur Arbeit gehen, wenn meine Frau aufgebracht ist. Wie könnte ich in der Lage sein, zu beten und durch den Tag zu gehen?

Möge Freundschaft und Mitgefühl die Grundlage jeder einzelnen Familie sein!

Die *dritte* Ebene der Liebe ist Romantik. Sie erlaubt es deiner Frau, sich als für dich wichtig zu empfinden. Viele Ehemänner verstehen nicht, warum sie ihrer Frau dauernd sagen sollen, dass sie sie lieben, warum sie ständig Komplimente austeilen sollen. Ganz einfach: Sie fühlt sich dadurch gut, also tu es.

Es mag sein, dass deine Frau 50 Jahre alt ist und du denkst, dass sie das nicht mehr braucht. Sie ist aber immer noch eine Frau, und die Romantik ist ein Teil ihres Frauseins. Wenn du »romantische Dinge« für deine Frau tust, dann fühlt sie sich als Frau wohl. Solches Verhalten wird dich für immer bei ihr beliebt machen.

Ich dachte früher, dass die Worte ihre wahre Bedeutung verlieren würden, wenn ich dauernd *ich liebe dich*« sage. Das Gegenteil ist jedoch der Fall, selbst wenn du das tausend Mal täglich sagst! Darum solltest du nicht müde werden, deiner Frau zu sagen, dass du sie liebst, dass sie wunderschön ist, dass sie dein Schatz ist. Vergiss nicht die romantische Seite des Lebens und die Romantik der Liebe. Wenn du willst, dass deine Frau sich geliebt fühlt, dann darfst du das nicht vernachlässigen. Frauen sind verletzt, wenn die Liebe keine Romantik mit sich bringt. Zuneigung, Blumen, Musik, Romantik sind notwendig in einer Ehe. Wenn deine Frau das bekommt, dann hast du auch eine wunderbare sexuelle Beziehung.

Kleine Überraschungen, die deine Geliebte glücklich machen, werden deine Ehe bereichern. Ich empfehle dir, immer wieder etwas Neues zu ersinnen. Wenn ich beispielsweise von einer Reise zurückkomme, dann ist es wunderbar, wenn ich auf dem Nachttisch eine Postkarte finde, auf der Liebe ausgedrückt wird, ein Gedicht steht, Bibelverse und gute Wünsche. Das erfrischt unsere Beziehung und bringt Romantik hinein.

Es ist wichtig, dass du Ideen entwickelst, wie du dich morgens romantisch verabschieden kannst, wenn du zur

Arbeit gehst. Wenn man sich nach dem Arbeitstag wiedersieht, sollte auch das interessant gestaltet werden. Je mehr Romantik du in deiner Ehe zulässt, desto leidenschaftlicher wird eure sexuelle Beziehung sein.

Ehemänner, ihr solltet wissen, dass für eine Frau Sex nicht im Bett anfängt. Wenn Sex alles ist, was du von deiner Frau willst, dann bist du ein Ausbeuter, du benutzt deine Frau wie eine Prostituierte, weil für deine Frau nämlich Sex als Krönung am Ende eines langen Prozesses steht. Ich habe schon vorher erwähnt, dass gelungener Sex am Abend schon mit dem Morgen beginnt, wenn du sie mit Komplimenten überhäufst, mit Romantik, netten Worten, Aufmerksamkeit und Interesse. Ohne all das wird sich deine Frau erniedrigt und unbefriedigt fühlen. Eine ernst zu nehmende Frau wird eine solche Einstellung nicht mögen. Und zwar nicht, weil sie launisch wäre, sondern weil sie innerlich rein ist.

Wir müssen ständig nach neuen Wegen suchen, einander unsere Liebe und unser Interesse auszudrücken. Die Liebe ist eine Kunst, und Romantik ist deren unverzichtbarer Bestandteil.

Die *vierte* Ebene der Liebe ist die sexuelle, leidenschaftliche Liebe. Die Kraft dieser Ebene hängt direkt von der Existenz und Festigkeit der ersten drei Ebenen ab.

Wenn Ehemann und Ehefrau Freunde sind, die einander in allen Lebenssituationen unterstützen und trösten, wenn das Ehepaar die Bezeichnung »romantisch« verdient hat, dann wird aus einer frigiden Frau eine leidenschaftliche Liebhaberin ihres Mannes.

Das sexuelle Verlangen einer Frau ist mit ihrer Befriedigung aus den ersten drei Ebenen der Liebe verbunden, also mit freundschaftlicher, romantischer und mitfühlender Liebe. Bei einem Mann kann Leidenschaft (und damit meine ich Bereitschaft zum Sex, nicht leidenschaftliche Liebe) automatisch entstehen. Daher dürfen wir auf keinen Fall das Konzept der Sexualität mit dem Konzept der Liebe durcheinanderbringen.

Wenn es einem Mann nicht gelingt, die ersten drei Komponenten der Liebe zu befriedigen, dann kann seine Frau (und konsequenterweise die ganze Familie) nicht glücklich sein. Ein Mann, der die Voraussetzungen der ersten drei Ebenen nicht zu erfüllen vermag, kann nicht als guter Ehemann bezeichnet werden. Er wird zahlreichen Problemen begegnen, selbst wenn er zehnmal heiratet. Aber man kann und muss es lernen, ein guter Ehemann, eine gute Ehefrau zu sein.

Viele Menschen erwarten ausschließlich von ihrem Ehepartner eine Veränderung. Warum fängst du nicht bei dir selbst an? Denn dann wird alles in Ordnung kommen. Viele Ehemänner trinken und benehmen sich schlecht. Sie fürchten sich davor, nach Hause zu kommen, weil sie ihren Problemen ausweichen wollen. Statt dessen solltest du dich aufraffen, nach Hause gehen und die Probleme mit deiner Frau besprechen. Glaube mir, wenn du dich daran gewöhnst, das zu tun, dann wird deine Sehnsucht, früh nach Hause zu kommen, sogar wachsen. Du bist nicht dazu geschaffen worden, dein Leben einfach nur zu verschwenden!

Wenn Männer versuchen, ihrer Verantwortung aus dem Weg zu gehen, weil sie nicht den Mut haben, sich Schwierigkeiten zu stellen, dann ist das eine Schande. Manchen Männern fehlt der Mut, der Ehefrau in die Augen zu schauen, weil sie nicht wissen, was sie sagen sollen. Das ist aber gar nicht so schwer. Du brauchst ihr nur zu sagen, dass du sie liebst, dass du sie brauchst und dass du dir ein Leben ohne sie nicht vorstellen kannst.

Mancher Mann beschwert sich, dass seine Frau zickig sei. Er hat nicht den Hauch einer Vorstellung, woher die Unzufriedenheit seiner Frau in ihrer Ehe rührt. Wenn du anfängst zu verstehen, dass Liebe nicht nur Sex ist, dann entdeckst du einen Freund in deiner Frau, dann fängst du an, die Fraulichkeit in deiner Partnerin zu suchen. Du wirst sehen, wie die Reizbarkeit verschwindet, und es wird jedes Mal wieder sein wie in der Hochzeitsnacht, wenn ihr ins Bett geht.

Als ich über dieses Thema recherchiert habe, fand ich heraus, dass die Wissenschaft längst entdeckt hat, dass der nervliche Zustand des Erwachsenen von einer sexuellen Befriedigung abhängt. Die Struktur der Genitalien zeigt eine gewaltige Anzahl von Nervenenden.

Darum geht uns sexuelle Unzufriedenheit buchstäblich auf die Nerven! Wenn jedoch das Intimleben eines Menschen in Ordnung ist, dann verschwindet die allgemeine Anspannung, und rundum stellt sich Zufriedenheit ein.

Du wirst feststellen, dass deine Frau nach dem Sex noch eine Weile im Bett liegen möchte. Das liegt daran, dass ihre Nerven zur Ruhe kommen müssen, während der Mann so gut wie unmittelbar nach dem Sex fernsehen oder die Zeitung lesen will. Du solltest deshalb nicht sofort zum Fernseher eilen, sondern noch bei deiner Frau bleiben, bis sie einschläft oder dich loslässt.

Die Liebe versagt nie. Gott will, dass deine Beziehung zu allen Zeiten mit Liebe und Frieden erfüllt ist. Wenn du das Gefühl hast, dass deine Liebe abgekühlt ist, dann will ich dich lehren, wie du dich Hals über Kopf wieder in deinen Ehepartner verlieben kannst.

Die Bibel sagt: »**... wenn es irgendeine Tugend und wenn es irgendein Lob gibt, das erwägt!**« (Philipper 4, 8).

Kritiksucht, Kleinlichkeit und Schuldvorwürfe, ausgesprochen oder innerlich gehegt, gehören zu den Dingen, die Liebe zerstören. Gott verurteilt eine solche Einstellung und lehrt uns, alles mit Liebe und Dankbarkeit zu durchdenken (1. Korinther 13).

Jetzt schreibe eine Liste mit zehn Dingen, die du an deinem Ehepartner magst. Dann meditiere über jeden einzelnen Punkt und danke Gott für jeden einzelnen. Das kannst du auf dem Weg zur Arbeit tun, oder wenn du am Abend nach Hause zurückkehrst. Wenn du an ihm / ihr keine zehn Vorzüge finden kannst, vielleicht nur fünf oder nur drei Punkte aufschreiben konntest, dann schreibe zusätzlich das auf die Liste, was du gerne an ihm / ihr sehen würdest. Du wirst

Gott darum bitten müssen, aber schreibe es im Glauben auf.

Du solltest beten und Gott darum bitten, dass er dir dabei hilft, das Familienleben so zu verändern, dass es in seinen Augen angenehm ist - und in den Augen deines Ehepartners.

Aufgabe für Männer

Für eine Frau hat die Überraschung durch ein Geschenk viel größeres Gewicht als das Geschenk selbst. Selbst wenn das Geschenk nicht teuer und nur klein ist, solltest du es so persönlich wie möglich auf sie abstimmen. Die Fähigkeit eines Ehemannes, die Wünsche seiner Frau zu erfüllen, berührt sie zutiefst. Wenn du ihr ein gut ausgesuchtes Geschenk kaufst, dann wird sie bemerken, dass du dir Gedanken darüber machst, was sie wirklich mag und braucht. Sie wird es zu schätzen wissen, dass du aufmerksam bist und dir Mühe gibst, ihr eine Freude zu machen.

Hier ist ein Handlungsplan für Männer:

1. Suche in einem Blumengeschäft eine wunderschöne Rose für deine Frau aus. Überreiche ihr die Rose mit den Worten *»Ich liebe dich!«* - das ist obligatorisch.
2. Rufe deine Frau mindestens drei Mal pro Woche an (entweder am Arbeitsplatz oder zu Hause), um ihr eines mitzuteilen: *»Ich liebe dich und ich bin so glücklich, dass du meine Frau bist.«*
3. Markiere einige Termine in deinem Kalender für die nächsten sechs Monate, an denen du deine Frau überraschen willst. Du wirst angenehm erstaunt sein, welche Veränderungen bei dir und deiner Frau auftreten.
4. Schreibe eine Liste von fünf weiteren Möglichkeiten auf, wie du deiner Frau deine Wertschätzung und dein Lob ausdrücken willst.

Aufgabe für Frauen

Die größte Versuchung für eine Frau besteht darin, dass sie sich daran gewöhnt, Aufmerksamkeit zu erfahren, während sie vergisst (oder gar nicht daran denken will), ihrem Mann gegenüber aufmerksam zu sein.

Frauen, ihr habt euch bereits Zeit genommen, über die Qualitäten eurer Männer nachzudenken. Jetzt ist es an der Zeit, dass ihr euch Gedanken macht, wie ihr dem Ehemann eure Wertschätzung ausdrücken könnt. Es ist für einen Ehemann sehr wichtig, dass er die Anerkennung seiner Frau für seine Aufmerksamkeit und Fürsorge zu hören bekommt. Seine Komplimente sollten nicht ohne Echo bleiben. Daher solltest du bei allem, was du tust, deinem Ehemann zeigen, dass du dich über die Aufmerksamkeit freust, die er dir widmet.

Hier ist ein Handlungsplan für Frauen:

1. Sage deinem Mann, dass du ihm zusammen mit den Kindern (vergiss nicht, ihre Meinung einzuholen) den Titel »*Bester Ehemann und Vater des Jahres*« verliehen hast. Er sollte einmal jährlich diese besondere Ehrung empfangen.
2. Vergiss die Postkarte nicht. Ich weiß, dass du anderen Menschen Postkarten schickst, aber du kaufst nie eine für deinen Ehemann. Du solltest eine Postkarte kaufen, die deine Gefühle für ihn ausdrückt, und sie ihm per Post schicken oder überreichen. Du solltest darauf schreiben, wie ge-

liebt, wunderbar und aufmerksam dein Ehemann ist und wie sehr du ihn zu schätzen weißt.

3. Mach deinem Ehemann ein Kompliment über seine Klugheit. Es ist extrem wichtig, seinen Intellekt zu loben. Bewundere seine Weisheit, Schlagfertigkeit und Talente.

4. Hör auf damit, deinen Mann zu unterbrechen, wenn er etwas sagt! Frauen werfen gerne ein paar Worte ein, um zu zeigen, dass sie genauso klug sind wie ihre Ehemänner. Das ist falsch und es beweist Missachtung des Wortes Gottes! Du musst deinen Ehemann loben, anstatt mit ihm einen Wettstreit der Eloquenz zu veranstalten. Natürlich kannst du ihn korrigieren, wenn er etwas falsch macht, aber taktvoll und lieber unter vier Augen als in Gegenwart anderer Menschen.

5. Lobe die Qualitäten deines Mannes als Vater. Du solltest einen guten Samen aussäen, dann wirst du eine makellose Ernte bekommen! Wenn du das nicht tust, wirst du auch nichts ernten.

6. Ich will auch die Dinge erwähnen, die Frauen normalerweise nicht tun: dem Ehemann Komplimente machen. Sage deinem Mann, dass er sehr intelligent ist und dass du es großartig findest, mit ihm zu leben.

7. Und nun hast du auch den Anstoß dafür, kreativ zu werden und eine Liste von fünf Möglichkeiten aufzuschreiben, deinem Ehemann deine Wertschätzung und dein Lob auszudrücken.

Kapitel 7: Sex als Kunst

Wir haben bereits gesehen, dass Gott Sex nicht nur zum Zweck der Fortpflanzung erschaffen hat, sondern für unseren Genuss, damit Ehemann und Ehefrau die höchstmögliche Harmonie erleben können. Die intime Beziehung ist die höchste Ebene des Ausdruckes von Liebe zwischen Mann und Frau. Ihr könnt einander eure Liebe auf vielfältige Weise zeigen, aber ohne Sex würdet ihr dabei nicht das Maximum erreichen. Während der körperlichen Intimität werden zwei Menschen zu einem Fleisch. Im Zusammenhang mit Sex besteht das größte Ziel der Liebe (abgesehen von der Erhaltung der Familie) darin, zum höchstmöglichen Genuss zu gelangen, den man Orgasmus nennt.

Der Mann erreicht den Orgasmus bei der Ejakulation. Für eine Frau ist ein Orgasmus aber komplizierter. Es ist traurig, dass viele Frauen ihn nie erlebt haben.

Physisch betrachtet haben Frauen mehr Chancen, einen Orgasmus zu erreichen, als Männer. Ein Mann benötigt zwischen 10 und 60 Minuten (manche Männer brauchen sogar noch länger), um nach einem Orgasmus, der mit der Ejakulation einhergeht, wieder eine Erektion zu bekommen. Eine Frau dagegen kann während der Intimität viele Orgasmen erleben, abhängig von der Zeitspanne des intimen Beisammenseins. Eine Frau, die es gelernt hat, den Orgasmus zu erreichen, empfängt aus der intimen Beziehung das größtmögliche Vergnügen.

In unserer Welt wechseln viele Mädchen und verheiratete Frauen ihre Sexualpartner, sie sind ständig auf der Suche nach tiefster Befriedigung durch intime Beziehungen. Preis sei Gott, dass wir davon befreit sind. Solche Praktiken dürfen in der Gemeinde Gottes nicht stattfinden. Wenn Gott uns sexuelle Beziehungen gewährt und das Bedürfnis danach in uns hinein gelegt hat, dann wollen wir von ihm lernen, und nicht von der Welt. Lasst uns von der Gemeinde lernen und nicht von Hollywood, Magazinen oder anderen »Quellen«, die sexuelle Perversion lehren.

Wir werden uns nicht damit aufhalten, wie ein Mann den Orgasmus erreichen kann, denn das kann jeder gesunde Mann. Impotenz ist eine Krankheit, die behandelt werden muss. Der weibliche Orgasmus dagegen ist ein komplizierterer Vorgang. Kenntnis über die weiblichen körperlichen Besonderheiten wird dem Mann helfen, seiner Frau Freude beim intimen Beisammensein zu bereiten.

Wissenschaftliche Forschungen haben bewiesen, dass die Klitoris keine lebensnotwendigen Funktionen hat, und dass sie keine Rolle dabei spielt, ob eine Frau Mutter werden kann. Gott hat die Klitoris ausschließlich für die sexuelle Stimulierung zu einem Teil des weiblichen Körpers gemacht. Frauen haben etliche erogene Zonen (Lippen, Brüste ...), aber die Klitoris ist das empfindlichste Organ.

Es gibt, vorwiegend in Afrika, einige Kulturen, in denen die Klitoris beschnitten wird. Man entfernt die Klitoris, um die sexuelle Stimulierung zu verringern und dadurch junge Mädchen vor Unzucht und vorehelicher Schwangerschaft zu bewahren. Später haben solche Frauen mit dem Problem der Frigidität zu kämpfen. Wie schwer haben es ihre armen Ehemänner!

Ich las eines Tages in einer Zeitung, dass die französische Regierung rechtliche Schritte gegen eine Gruppe von afrikanischen Immigranten eingeleitet hatte, in der die Beschneidung von Mädchen praktiziert wurde. Seit Jahrhunderten wissen solche Volksstämme, dass die Klitoris das empfindlichste weibliche Organ ist, während die medizinische Wissenschaft das erst nach 1970 herausgefunden hat.

Das zweite hochempfindliche Organ einer Frau ist die Vagina. Die höchste Zahl von Nervenenden konzentriert sich um die Vagina und vor allem an ihrer Öffnung.

Es gibt eine falsche Vorstellung, der viele Männer anhängen: Je tiefer der Penis in die Vagina eindringt, desto schöner ist es für die Frau. Wenn der Ehemann seiner Frau und sich jedoch mehr Genuss verschaffen will, dann sollte er nicht zu tief in die Vagina eindringen, sondern so viel wie möglich den Scheideneingang berühren. Das wird der Frau helfen, ihren Orgasmus schneller zu erreichen.

Manche Männer haben Probleme mit dem vorzeitigen Samenerguss. Sie kommen in zwei bis fünf Minuten zur Ejakulation! Es ist unmöglich, dass eine Frau in so kurzer Zeit ihren Orgasmus erreicht, und daher ist es für einen Mann entscheidend wichtig, bei der Kunst des Vorspiels zur Meisterschaft zu gelangen.

Das Vorspiel ist ein »Spiel« der Liebe, das dem Geschlechtsverkehr vorausgeht, und es findet nicht nur im Bett statt. Wie bereits in den beiden vorigen Kapiteln erwähnt, beginnt das Vorspiel schon am Morgen, und es beinhaltet zärtliche Berührungen, Komplimente an die Frau, wie du ihr begegnest, wenn du von der Arbeit kommst, dass du ihr während des Tages hilfst. Darum fängt das Vorspiel nicht im Bett an. Es ist falsch, ihr den Tag zu vermasseln und dann zu sagen: *»Lass uns mit einander schlafen!«* Du musst deine Liebe von der Morgendämmerung bis zum Sonnenuntergang ausdrücken. Und dann wirst du ein angenehmes sexuelles Beisammensein mit ihr genießen.

Das Vorspiel im Bett besteht überwiegend aus Küssen, vielerlei Berührungen und zärtlichem Streicheln. Der Mann muss sanft sein und sich nicht nur auf einen Bereich, zum Beispiel das Küssen, beschränken. Du solltest ihren ganzen Körper streicheln, bis deine Frau so stimuliert ist, dass der Geschlechtsverkehr beginnen kann, indem du behutsam ihre Klitoris und Vagina liebkost. Ihr solltet euch nicht schämen, dabei zu experimentieren, einander zu sagen, was für euch den größten Genuss bringt.

Laut Statistik erreichen 70 Prozent der Frauen in der früheren Sowjetunion (einschließlich der Ukraine) keinen Orgasmus, weil die Männer einfach das Vorspiel ignorieren. Sexuelle Unzufriedenheit begünstigt Untreue in der Ehe. Ihr solltet experimentieren und dabei lernen, damit ihr sicher sein könnt, weil euer Ehepartner befriedigt und glücklich ist.

Versuche, deine Frau zum Orgasmus zu bringen, indem du zuerst ihre Klitoris streichelst und sie so auf die vaginale Stimulierung vorbereitest. Du wirst einige Minuten später deinen eigenen Orgasmus haben, und dann könnt ihr das Gefühl zusammen genießen. Es ist sehr wahrscheinlich, dass ihr beide glücklich sein werdet, wenn du es schaffst, deiner Frau während des intimen Beisammenseins zwei Orgasmen zu schenken, zuerst klitoral und dann vaginal. Je frigider eine Frau ist, desto mehr Zeit muss der Mann dem Vorspiel und dem Streicheln ihrer Klitoris widmen.

Männer müssen sich beherrschen und auf eine »Einladung« warten. Anders ausgedrückt: Du solltest nie eilig in ihre Vagina eindringen, bevor deine Frau völlig bereit dafür ist. Sie mag dich nicht mit Worten »einladen«, aber du wirst es fühlen, wenn sie so weit ist; erst dann darfst du »eintreten« und ihr werdet es beide genießen. Sowohl der Mann als auch die Frau sollten beim Geschlechtsverkehr einen aktiven Part übernehmen.

Zartes und sanftes Streicheln, umarmen und die Bewegung des Körpers um die Genitalien herum sind unverzichtbare Bestandteile einer erfolgreichen sexuellen Vereinigung. Beide Partner müssen ständig die verschiedenen Regionen des Körpers berühren, die Hände müssen aktiv beteiligt sein.

Das sensibelste Organ am männlichen Körper ist der Penis. Er besteht aus zwei Teilen, dem Schaft und der Eichel, die von der Vorhaut bedeckt ist. Im Falle der Beschneidung wird die Vorhaut entfernt. Es war kein Zufall, dass Gott Abraham befahl, sich selbst zu beschneiden. Das diente dem Zweck, dass Ausscheidungen, die zu Infektionen führen könnten, sich in dem heißen Klima mit Wassermangel nicht unter der Vorhaut ansammeln konnten.

Die Geschlechtsteile eines Mannes können einen unangenehmen Geruch abgeben. Daher muss der Mann immer auf persönliche Hygiene achten. Das gilt aber auch und um so mehr für Frauen, weil Männer empfindlicher für weibliche Gerüche sind. Du musst dich pflegen, Parfüm tragen, dich bemühen, die hübscheste und am besten duftende Person für deinen Mann zu sein.

Manche behaupten, dass ein beschnittener Mann den Orgasmus schneller erreicht. Wenn ein Mann lange nicht in der Lage ist, zur Ejakulation zu kommen, dann wird eine Beschneidung ihm helfen, weil die Eichel dann unbedeckt und empfindlicher ist. Das Problem des verspäteten Ejakulation kann jedoch auch dadurch behoben werden, dass die Frau den Mann mehr streichelt.

Die Eichel ist die erogenste Zone des Mannes. Wenn die Frau diesen sensiblen Bereich des männlichen Körpers intensiv liebkost, kann das andererseits zur vorzeitigen Ejakulation führen.

Es gibt viele verschiedene Stellungen für den Geschlechtsverkehr. Ihr müsst nicht jeden Tag dreißig verschiedene Positionen ausprobieren, aber ihr solltet die kennen, die für euch »richtig« sind, also die Positionen, die deine Frau und du am meisten genießen könnt. Abwechselnde Stellungen werden euch darüber hinaus helfen, Routine und Monotonie beim Sex zu vermeiden. Jedes verheiratete

Paar kann sich verschiedene Stellungen für den Sex aussuchen.

Es gibt viele verschiedene Standpunkte bezüglich der Stellungen beim Sex. Manche Menschen glauben, dass die einzig akzeptable die ist, bei der Mann und Frau einander zugewandt sind und der Mann über der Frau liegt. Solche Meinungen können zu familiären Problemen führen. Die Bibel enthält keine Bestätigung für diese Einstellung. Daher hat kein Prediger das Recht, seine Meinung diesbezüglich zu einem Prinzip zu erheben, Mann und Frau vorzuschreiben, in welcher Position sie Geschlechtsverkehr haben dürfen.

Es ist entscheidend wichtig, dass Eheleute über Sex miteinander reden. Ehrliche und offene Antworten werden ihnen helfen, viele Probleme zu lösen.

Beantwortet einander folgende Fragen:

1. Ist es für mich wichtig, jedes Mal zum Orgasmus zu kommen, wenn wir uns lieben?
2. Was empfinde ich, während ich auf den Moment warte, in dem mein Partner zum Höhepunkt kommt?
3. Was habe ich getan oder was kann ich tun, um meinem Partner zu helfen, einen Orgasmus zu erleben?

Vielleicht ist es dir peinlich, aber wenn ihr solche Fragen nicht besprecht, dann seid ihr noch nicht bereit für ein Familienleben, selbst wenn ihr schon zehn Kinder habt.

4. Diese Frage richtet sich hauptsächlich an die Frau: Wenn ich den Orgasmus nicht erreiche, dann fühle ich ... (Was fühlst du?)
5. Beim Sex stimuliert mich am meisten ... (Welche Berührungen oder sexuelle Handlungen regen dich am meisten an?)
6. Wenn ich Lust auf Intimität habe und mein Mann / meine Frau nicht, dann fühle ich mich ... (Wie fühlst du dich?)
7. Orgasmus ist für mich ... (Erzählt einander, was der Orgasmus für euch bedeutet. Viele Eheleute haben keine Ahnung, wie ein Orgasmus sich für den Partner anfühlt.)

8. Wenn mein Ehemann / meine Ehefrau durch mein Streicheln nicht erregt wird, dann fühle ich mich ... (Was empfindest du?)

9. Wenn ich beim Sex nicht besonders erregt bin, dann fühle ich ... (Wie fühlst du dich?)

10. Wenn ich meinen Mann / meine Frau nackt sehe, dann empfinde ich ... (Was fühlst du?)

11. Wenn mein Mann / meine Frau mich nackt sieht, dann empfinde ich ... (Was fühlst du?)

12. Wenn mein Partner mich beim Vorspiel auszieht, dann fühle ich ... (Wie empfindest du das?)

13. Wie oft spürst du Verlangen nach sexueller Intimität? (Pro Tag, pro Woche ...)

14. Was denkt mein Partner über den Geschlechtsverkehr?

15. Ich habe folgende ungelöste Probleme in meinem Sexualleben ...

16. Wie ehrlich wart ihr beim Beantworten dieser Fragen? Sagt es einander.

Kapitel 8: Probleme im Intimleben

Mancher missversteht den Ausdruck »frigide Frau«. Der Begriff bedeutet »sexuell nicht aktiv« oder er bezeichnet eine Frau, die schwer zu stimulieren ist. Ich würde dem Ehemann einer solchen Frau raten, sich ihr mehr zu widmen.

Frigidität hat ziemlich oft mit der Vergangenheit einer Frau zu tun, mit mentalen Wunden oder sogar sexuellem Missbrauch oder Misshandlungen. Der Grund kann auch Angst vor dem Geschlechtsverkehr sein.

Du solltest einer solchen Frau viel Geduld und Zuneigung entgegen bringen. Du solltest ihr besonders viele Komplimente machen, sie daran erinnern, dass sie für dich die Einzige ist. Und, wie bereits erwähnt, du solltest dir besonders viel Zeit für das Vorspiel nehmen.

Es gibt keine dümmere Idee als die, eine frigide Frau vor ein Fernsehgerät zu setzen und ihr einen erotischen Film vorzuspielen, damit sie »auftaut« und etwas lernt. Das bringt sie zur Verzweiflung und verletzt ihre Gefühle. Und was dort auf dem Bildschirm zu sehen ist, ist sowieso nur ein Film, keine wirklichen Gefühle. Wenn ein Ehemann solches Benehmen an den Tag legt, dann wird das seine Frau nur um so mehr verärgern.

Er muss ihr statt dessen die Ernsthaftigkeit seiner Liebe zeigen. Er muss bei allem, was er für seine Frau tut, Zuneigung beweisen, damit sie ihm glaubt. Der Ehemann muss Takt und Geduld haben, dann wird seine Frau sich nach und nach verändern, weil sie so liebevoll behandelt wird.

Aber, liebe Ehefrau, du darfst auch deinen Mann nicht vergessen. Versuche, ihn zu verstehen und ihm zu helfen. Du musst deinem Ehemann sagen und zeigen, welche Bereiche deines Körpers besonders empfindsam sind, welche Berührungen du am meisten genießt.

Vor allem jedoch braucht eine frigide Frau geistliche Befreiung. Ihr solltet euch nicht schämen, wenn ihr über eure Familienprobleme mit eurem Pastor sprecht. Gott hat ihn eingesetzt, damit er sich um eure Seelen kümmert. Betet zusammen, und Gott wird euch helfen. Er wird das Unmögliche möglich machen, denn ihm sind alle Dinge untertan.

Nach der Frigidität ist der vorzeitige Samenerguss das größte Problem im Sexleben eines Ehepaares. Es ist aber in erster Linie ein Problem des Mannes. Wenn der Mann beim Geschlechtsverkehr nicht mehr als fünf Minuten »aushalten« kann, dann liegt ein Problem vor. Du wirst deine Frau nicht innerhalb von fünf Minuten zu ihrem Orgasmus bringen können, es sei denn, du hast einige besondere Maßnahmen im Repertoire. Noch schlimmer ist es, wenn ein Mann sexuell so schwach ist, dass er den Orgasmus schon erreicht, bevor sein Penis in die Vagina eindringt, also beim sexuellen Vorspiel, während er seine Frau streichelt.

Wie kann das Problem des vorzeitigen Ergusses gelöst werden?

Zunächst solltest du versuchen, dich nicht gleich zu bewegen, wenn du in die Vagina eingedrungen bist. Du solltest eine bis zwei Minuten warten und dich dabei auf das Küssen oder Streicheln konzentrieren. Wenn du etwas zur Ruhe gekommen bist, fange an, dich langsam zu bewegen.

Nun kann die Frau ihrem Mann durch vaginale Spannung helfen (indem sie die Muskeln ihrer Scheide anspannt). Du solltest dich in der Richtung bewegen, die durch deine vaginalen Muskeln vorgegeben ist und den Penis festhalten, indem du diese Muskeln anspannst. Das wird deinem Ehemann helfen.

Die Frau kann dem Mann auch helfen, den Samenerguss hinauszuzögern, indem sie seinen Penis nicht streichelt, bevor er in ihre Vagina eindringt. Du kannst den ganzen übrigen Körper liebkosen, aber berühre nicht den Penis und die Eichel.

Ein anderer Tipp, der dem Mann helfen kann: Lass den Penis immer ein Stück in der Vagina, ziehe ihn beim Bewegen nur bis zur Eichel heraus, nicht ganz.

Und schließlich kann eine geeignete Stellung eine Hilfe sein, vor allem eine, bei der die Frau oben ist. Wenn der Mann unten liegt, wird sein Penis aufrecht gehalten, und das macht den ungehinderten Samenfluss unmöglich. Wenn die Frau oben ist, sollte sie sich nicht zu viel bewegen, sondern eher ihrem Mann die Bewegung überlassen.

Das nächste Problem ist das der verzögerten Ejakulation. Das taucht eher selten auf, und wir haben es bereits angesprochen, als es um die Beschneidung ging.

Verzögerte Ejakulation ist das zeitlich übermäßig ausgedehnte Erreichen des Orgasmus beim Mann. Es handelt sich um ein ernstes Problem, für welches die Medizin noch keine Behandlungsmethode gefunden hat. Ärzte reden von einem psychischen Problem wie bei der Frigidität, das heißt, dass die Seele des Mannes geheilt werden muss. Gebet wird in einer solchen Situation die beste Medizin sein. Ihr solltet euch an euren Pastor wenden und über dieses geistliche Problem beten.

Masturbation (Selbstbefriedigung): Es gibt die biblische Geschichte von Onan (1. Mose 38, 1-10), der Tamar heiratete, weil sein Bruder gestorben war. Onan weigerte sich, den Willen seines Vaters zu tun, nämlich Nachkommen für seinen Bruder zu zeugen. Er wollte nicht, dass der Familienstammbaum seines Bruders fortgesetzt wurde, daher ließ er sein Sperma auf den Boden fallen. Onan vernachlässigte die Frau, und dafür ließ Gott ihn sterben.

Heutzutage versteht man unter Masturbation ein sexuelles Erlebnis, das durch die bewusste Stimulation der eigenen Genitalien herbeigeführt wird. Masturbation ist eine Sünde, die im Menschen die Tendenz vergrößert, für sich selbst zu leben. Es ist eine Sünde, weil der Mensch das Gebot der gegenseitigen Unterordnung im Sexualleben einer ehelichen Beziehung verletzt. Es ist eine Perversion des Zieles, für das Gott die sexuelle Beziehung erschaffen hat.

Manche Männer wollen von ihren Frauen Anal- oder Oralsex, mit der Begründung, dass so eine Schwangerschaft vermieden wird. Das ist sündig, unchristlich und pervers. Die Bibel sagt uns, dass männliche Homosexuelle etwas tun, was unnatürlich ist (Römer 1, 27-28). Gott hat die Frau anders geschaffen als den Mann: Das männliche Geschlechtsorgan ist der Penis, das weibliche die Vagina. Die einzige zulässige Art für eine Frau, Sex zu haben, ist mit ihrer Vagina. Der Anus und der Mund sind nicht für Sex geschaffen worden.

Ihr dürft nie vergessen, dass es immer den Einen gibt, der euch helfen kann, wenn es sexuelle Probleme irgendwelcher Art gibt. Ihr könnt euch auch an eure geistlichen Leiter wenden, wenn ihr sexuelle Probleme habt, damit sie euch seelsorgerlich und im Gebet dienen.

Kapitel 9: Schwangerschaft verhüten

Darf ein Mensch selbst entscheiden, wie viele Kinder es in der Familie geben soll und wann man sie von Gott erbitten möchte? Gott kennt die Zukunft, und daher können wir seinen Plan bezüglich der Größe unserer Familie erfahren, wenn wir im Gebet und durch den Heiligen Geist mit ihm Gemeinschaft haben. Mann und Frau müssen zu einer Übereinkunft kommen, wie viele Kinder sie haben möchten. »Experimente« auf diesem Gebiet sind extrem unweise. Manchmal treffen wir falsche Entscheidungen, und dann korrigiert uns Gott. Aber er drängt uns seinen Willen auch nicht auf.

Es gibt Probleme, bei denen wir Gott um Hilfe bitten müssen, aber es gibt auch Bereiche, in denen Gott uns die Fähigkeit gibt, selbst Entscheidungen zu treffen. Wenn du dich nur darauf verlässt, dass Gott alles für dich erledigt, dann ist das Glaube ohne Werke, und der ist tot. Gott wird dich fragen: »Warum triffst du keine Vorsorge, wenn du mit deiner Frau zusammenkommst, obwohl du kein Kind haben möchtest?« Du kannst beten, aber alles hängt von der Stärke deines Glaubens ab. Wenn die Menschen die Wahrheit über Intimität wüssten, hätten sie nicht so viele Probleme, wie es heute der Fall ist.

Ich würde die Frauen gerne fragen, was sie über ihre Fruchtbarkeit wissen. Weißt du, an welchen Tagen in deinem Monatszyklus die größte Empfängnisbereitschaft gegeben ist? Man nennt diesen Zeitpunkt Ovulation, wenn die reife Eizelle aus der Fruchtkapsel (eine Blase, in der die

Eizelle heranreift) kommt. Das geschieht in beiden Eierstöcken abwechselnd.

Das Wort Zyklus bedeutet wiederholte Veränderungen, die sich in einer bestimmten Zeitspanne im Körper einer Frau abspielen. Diese Veränderungen werden durch das Heranreifen und Loskommen der Eizellen in der ersten Phase des Zyklus ausgelöst, und dann folgt in der zweiten Phase das graduelle Abschwellen des Gelbkörpers, den die aufgeplatzte Fruchtkapsel gebildet hat.

Das Reifwerden der Eizelle, der Eisprung (Ovulation) und die Regression des Gelbkörpers werden durch komplexe direkte und indirekte Interaktionen von Hormonen, Hypothalamus (ein Abschnitt des Zwischenhirns im Bereich der Sehnervenkreuzung), Hypophyse (eine Hormondrüse, der eine zentrale übergeordnete Rolle bei der Regulation des neuroendokrinen Systems im Körper zukommt) und Eizellen gesteuert.

Die Hypophyse gibt ein luteinisierendes Hormon ab, das für das Bersten der Fruchtkapsel sorgt, so dass die Eizelle freigelassen wird. Die Spitzenwirkung des luteinisierenden Hormons hält nur 24 Stunden an, aber die Folgen seiner Wirkung bleiben für die nächsten 12 bis 16 Tage des Zyklus erhalten. In dieser Periode wird der Gelbkörper aus der geplatzten Fruchtkapsel geformt und bildet sich langsam zurück (falls keine Empfängnis stattgefunden hat). Dabei wird ständig Progesteron abgegeben, ein weiteres ovarisches Hormon.

In diesen 12 bis 16 Tagen gibt der Gelbkörper Progesterone ab, die der Hypothalamus-Hypophyse die Information übermitteln, dass der nächste Zyklus nicht beginnen darf, weil der gegenwärtige noch nicht beendet ist. Anders ausgedrückt: Es gibt nur einen Eisprung im gesamten Zyklus. Selbst wenn mehrere reife Eizellen vorhanden sind, die simultan reif geworden sind, kommen diese ausschließlich während der 24 Stunden der Hauptwirksamkeit des luteinisierenden Hormons hervor.

Hier ist noch eine wichtige Information: Die Eizelle lebt nicht länger als 24 Stunden. Das ist ihre gesamte Lebensdauer! Das ist bewiesen worden. Nun bringe das mit der Tatsache zusammen, dass zwischen Eisprung und Menstruation 12 bis 16 Tage vergehen. Das bedeutet, dass praktisch alle anderen Tage absolut unfruchtbar sind, weil ein zweiter Eisprung ausgeschlossen ist.

Du kannst ganz genau wissen, in welcher Periode des Zyklus du dich befindest. Wissenschaftler haben den Vorgang des Eisprunges gründlich studiert. Sie haben die Anzeichen definiert und beschrieben, anhand derer jede Frau im gebärfähigen Alter ihre fruchtbaren Tage von den unfruchtbaren unterscheiden kann. Die Wissenschaftler haben sogar ganz klar definierte Regeln aufgestellt, die, wenn man sie genau befolgt, eine 99,3 prozentige Sicherheit darstellen, falls die Empfängnis eines Kindes nicht geplant ist.

Lasst uns das sehr wichtige Anliegen der Schwangerschaftsverhütung untersuchen.

Man kann die Mittel zur Empfängnisverhütung in zwei Gruppen aufteilen: Abtreibende und nicht abtreibende Mittel.

Abtreibende Mittel setzten an, nachdem ein Kind gezeugt wurde. Anders gesagt: Sie verhindern, dass ein Fötus sich in der Uteruswand verankern kann, wo er sich im Leib der Mutter entwickeln würde. Wenn Frauen eine Schlinge oder Absaugung benutzen, um ihren Menstruationszyklus zu regulieren, dann treiben sie in einem frühen Stadium der Schwangerschaft ab.

Abtreibung ist Mord, weil das menschliche Leben in dem Moment beginnt, wenn die Empfängnis stattfindet. Einige Verhütungspillen, durch die der Zustand der Schleimmembran des Uterus verändert wird, um so den Fötus vom Einnisten abzuhalten, haben ebenfalls einen abtreibenden Effekt. Wenn du dich entscheidest, die Pille zu nehmen, dann solltest du sicherstellen, dass es keine mit abtreibender Wirkung ist.

Darüber hinaus hemmen empfängnisverhütende Pillen den Eisprung. Das führt zu zahlreichen Nebenwirkungen (schlechte Gesundheit, Reizbarkeit, Depressionen, abnormer Stoffwechsel, Gewichtszunahme und andere).

Abtreibende Mittel sind für Gläubige nicht akzeptabel. Gott misst dem menschlichen Leben hohen Wert zu. Daher müssen wir besonders die zweite Gruppe beachten, die nicht abtreibende Mittel umfasst.

Eines dieser Mittel ist das Kondom. Bei seiner Benutzung übernimmt der Mann die Verantwortung für die Verhütung einer Schwangerschaft. Kondome kann man in Drogerien kaufen, man muss aber bedenken, dass sie beim Geschlechtsverkehr platzen oder reißen können, was möglicherweise zu einer Schwangerschaft führt.

Daneben gibt es auch Verhütungskappen (für die Frau) und Diaphragmen. Beides ist heutzutage kaum im Gebrauch, wegen der geringen Wirksamkeit und der umständlichen Handhabung.

Weiter gibt es Spermien abtötende Mittel, dazu gehören Gels, Pasten, Schaum, Zäpfchen und andere Darreichungsformen zur Einführung in die Vagina vor dem Geschlechtsverkehr. Mit diesen Mitteln werden die Spermien inaktiviert. Bei solchen Verhütungsmitteln ist es entscheidend wichtig, sich genau nach der Gebrauchsanweisung zu richten und sie vor jedem Geschlechtsverkehr anzuwenden.

Es existieren ferner chemische Mittel, säurehaltige Flüssigkeiten, die unmittelbar nach der Ejakulation in die Scheide eingebracht werden müssen. Diese Methode ist nicht sehr effektiv, da die Spermien ziemlich schnell in den Uterus wandern, wo sie für das Mittel nicht mehr erreichbar sind.

Weiter gibt es die Sterilisation. Bei der Frau werden die Eileiter unterbrochen, beim Mann die Samenleiter durchtrennt. Theoretisch ist diese Methode zu 100 Prozent sicher. Der Nachteil ist jedoch, dass ein Ehepaar nach einer Sterilisation nie in der Lage sein wird, ein Kind zu zeugen. Diese Methode ist irreversibel.

Eine weitere Verhütungsmaßnahme ist der Koitus Interruptus, der unterbrochene Geschlechtsverkehr. Der Mann zieht sich aus der Scheide zurück, sobald er fühlt, dass er kurz vor der Ejakulation ist. Der Samenerguss, der mit dem Orgasmus geschieht, soll jedoch der Höhepunkt des Genusses beim Sex sein, und ausgerechnet an diesem Moment muss der Mann den Geschlechtsverkehr abbrechen. Wie kann man da von Befriedigung sprechen? Außerdem ist die Methode nicht effektiv, da etwas Sperma bereits vorher beim Sex in die Vagina gelangt.

Die Rhythmus-Methode der Familienplanung soll auch erwähnt werden. Sie basiert darauf, dass die Frau die Veränderungen in ihrem Körper während des Monatszyklus genau beobachtet und so die fruchtbaren und die unfruchtbaren Tage bestimmt. Während der Tage, in denen Empfängnisbereitschaft besteht, verzichtet das Ehepaar auf Sex. Der Vorteil dieser modernen und natürlichen Methode der Verhütung besteht darin, dass sie für jede Frau anwendbar ist und dass sie jeden Monat gleich bleibt. Der Nachteil ist, dass die Frau genaue Kenntnis braucht, wie sie die »trockenen« von den »feuchten« Tagen unterscheiden kann - und dass das Ehepaar in der fruchtbaren Phase auf Intimität verzichten muss. Andererseits braucht das Ehepaar sich während der übrigen Zeit keine Gedanken über Verhütung zu machen.

Abstinenz ist eine weitere Methode; die Eheleute haben überhaupt keinen Sex, außer dann, wenn sie ein Kind zeugen wollen. Mann und Frau leben wie Bruder und Schwester zusammen, eine sexuelle Beziehung gibt es nur dann, wenn eine Schwangerschaft erwünscht ist. Diese

Methode wird normalerweise von Menschen empfohlen, die glauben, dass Sex nicht für das Vergnügen da ist, sondern ausschließlich für die Vermehrung. Die Bibel sagt jedoch, dass die Frau dem Mann die ihm gebührende Zuwendung schuldet, genau wie der Mann seiner Frau. Der Mann besitzt keine Autorität über seinen Körper, sondern seine Frau, und die Frau besitzt keine Autorität über ihren Körper, sondern ihr Mann.

Es gibt schließlich auch die Lehre, dass Ehemann und Ehefrau zwischen dem 13ten und 23sten Tag der Mondphasen auf Intimität verzichten sollen, um kein Kind zu zeugen. Die Bibel sagt nichts darüber, sondern einige Populärliteratur. Diese Vorstellung wird auch von Astrologen unterstützt. Astrologie und Horoskope haben jedoch keinen Einfluss auf das Leben eines Gläubigen. Warum sollte ich auf Horoskope und Sterne vertrauen, wenn ich mein Vertrauen auf Gott setze und der Herr mein Schicksal bestimmt? Vielleicht haben die Mondphasen Einfluss auf Menschen in der Welt, die Jesus noch nicht als ihren persönlichen Erretter und Herrn kennen gelernt haben. Wenn ein Mensch jedoch in Christus Jesus lebt, dann können die Tage einer Mondphase keinen Einfluss auf ihn haben.

So, wie Gott ihnen Weisheit gibt, sollen Ehemann und Ehefrau ihre Familienplanung handhaben.

Kapitel 10: Goldene Regeln einer glücklichen Ehe

Hebräer 13, 4
Die Ehe sei ehrbar in allem und das Ehebett unbefleckt! Denn Unzüchtige und Ehebrecher wird Gott richten.

Für Gott ist die Ehe eine ehrenhafte Beziehung. Gott betrachtet die Ehe als Epizentrum der höchsten Ehre. Die Familie stellt auch in der Gesellschaft den Standard für Ehrbarkeit dar. Dadurch wird die Familie zur »Zelle der Gesellschaft«. Ehre bedeutet Respekt, Hochachtung, Sanftheit, Reinheit und Anstand. Ehre, das ist hohe Moral und Manieren.

Darum ist die Familie der Ort, an dem du niemals deine Stimme erheben solltest. Die Ehre lässt nicht zu, dass du schreist. Die Würde verbietet dir, zu brüllen. Dein Ehemann oder deine Ehefrau müssen das Objekt deiner höchsten Ehrerbietung sein.

Ich will noch einmal wiederholen, dass es keinen anderen Menschen auf dieser Welt gibt, den ich mehr ehren würde als meine Frau. Das will Gott von uns allen.

In der Welt beobachten wir endlose Streitereien, Skandale, Kämpfe und Uneinigkeit. Aber wir als Kinder Gottes müssen die Ehre wieder in die Familie zurückbringen. Du als Einzelner musst deine Familie ehren und respektieren, das ist der Wille Gottes bezüglich der Familien.

Meine Pastoren und die Angestellten im Büro wissen, dass ich am Arbeitsplatz streng sein kann. Aber zu Hause bin ich das Gegenteil. Menschen, die uns zu Hause besuchen, sagen mir: *»Pastor, zu Hause bist du ein anderer Mensch.«* Sie haben recht. Das liegt nicht daran, dass ich unter der Fuchtel meiner Frau stehen würde oder Angst vor ihr hätte, sondern es ist so, dass ich es mir nicht leisten kann, zu Hause strikt zu sein. Zu Hause muss ich sanft sein. Es kann sein, dass ich meinen Kollegen gegenüber die Stimme erheben muss, aber wenn es um meine Frau geht, dann ist alles anders.

Wenn du es versäumst, von Anfang an in deiner Familie einen solchen Standard zu setzen, dann wirst du irgendwann bemerken, dass ihr einander für selbstverständlich haltet, und daraus werden Demütigungen folgen. Ihr werdet einander wegen dieser Angewohnheit demütigen. Lass so etwas in deiner Familie nicht zu, lass deine Familie nicht auf ein solches Niveau herabsinken! Möge deine Familie ein Epizentrum der allerhöchsten Ehre sein!

Die *erste* goldene Regel einer glücklichen Ehe lautet, dass du niemals deine Stimme gegen deinen Ehepartner erhebst. Du darfst sie oder ihn niemals anschreien. Macht das zu eurem Gesetz.

Ich habe mir diese Regel schnell angeeignet, als ich anfing, mit meiner Frau zu gehen. Einmal, vor unserer Hochzeit, tat sie etwas, was mir nicht gefiel, und ich herrschte sie sehr barsch an: *»Begreifst du das denn nicht?«* Sie sagte kein Wort, aber als ich ihr Gesicht sah, dachte ich: *O mein Gott, nie wieder will ich ihr Gesicht so sehen müssen!* Ich habe diese Lektion sofort gelernt und begriffen, dass ich niemals meine Stimme erheben und sie anschreien darf, egal, was passiert sein mag.

Du hast kein Recht, zu brüllen und dich deinem Ehepartner gegenüber grob zu benehmen. Wenn du anfängst, dieses Gesetz zu brechen, dann ist das der Anfang des Zerbruchs deiner Familie. Wo harsche Worte in einer Familie fallen, wird die Ehre getötet. Eine laute Stimme und Gebrüll werden in deiner Familie die Ehre vernichten. Anschließend wirst du alle erdenklichen Grenzen überschreiten und aus-löschen.

Wen du deine Stimme erhebst, schreist, in harschem oder unhöflichem Ton sprichst, dann ist deine Ehe in Gefahr. Solches Verhalten endet im Ehebruch. Egal, was in deiner Familie passieren mag, du solltest nie vergessen, dass du kein Recht hast, die Stimme zu erheben!

Du musst jedes Problem ernsthaft untersuchen, aber ohne Gebrüll. Das ist die erste Regel, und sie ist sehr wichtig. Frauen, ihr dürft niemals eure Männer anschreien. Männer, ihr dürft niemals eure Frauen anbrüllen.

> *1. Timotheus 3, 3-4*
> ***... kein Trinker, kein Schläger, sondern milde, nicht streitsüchtig, nicht geldliebend, der dem eigenen Haus gut vorsteht und die Kinder mit aller Ehrbarkeit in Unterordnung hält...***

Wir sollen nicht zänkisch und anmaßend sein. Respekt ist für uns besonders wichtig. Wir müssen unser Haus in der Ehrfurcht bewahren. Unsere familiäre Beziehung muss auf gegenseitiger Ehrerbietung basieren. Das ist die *zweite* goldene Regel.

Autorität schreit nicht herum. Autorität ist Entschlossenheit. Das gilt besonders für Frauen, weil ihre Natur anfälliger ist. Manchmal schreien sie ihre Kinder an, verlieren die Fassung, werden nervös und zornig. Das beeinträchtigt Gesundheit und Nerven der Frau.

Respekt ... wir müssen unsere Kinder in Ehrenhaftigkeit erziehen. Wir dürfen weder unseren Ehepartner noch die Kinder anschreien.

> *1. Petrus 3, 7*
> ***Ihr Männer ebenso, wohnt bei ihnen mit Einsicht als bei einem schwächeren Gefäß, dem weiblichen, und gebt ihnen Ehre als solchen, die auch Miterben der Gnade des Lebens sind, damit eure Gebete nicht verhindert werden!***

Deine Frau ist eine Prinzessin und die Erbin der Grazie des Lebens. Dein Ehemann ist ein Prinz und der Erbe Gottes. Wie würdest du einen Prinzen, eine Prinzessin behandeln? Du würdest doch der Tochter, dem Sohn des Präsidenten deines Landes respektvoll gegenübertreten. Daher musst du die Söhne und Töchter des allerhöchsten Gottes mit Respekt behandeln. Du kannst einen König nicht anschreien, weil das unakzeptabel ist. Gott sagt, dass dein Ehemann ein Prinz und ein Thronfolger ist. Von welcher Art? Er ist der Sohn des Königs, Sohn des Meisters, Sohn Gottes. Deiner Frau musst du als Tochter Gottes begegnen. Also wie könntest du dich unterstehen, zu deiner Frau zu sagen: »*Du darfst nicht zum Einkaufen gehen*«? Es gibt Männer, die von ihrer Frau verlangen, sich für jeden Gang außerhalb des Hauses eine Erlaubnis zu holen, ob sie nun zu einer Konferenz, eine Freundin besuchen oder den Einkauf erledigen will. Wer bist du denn, dass du ihr etwas erlauben könntest? Bist du besser als sie? Bist du ihr Gott? Ist sie dein Besitz? Warum sollte sie dich um Erlaubnis bitten müssen? Alles, was sie wirklich muss, ist dir einfach Bescheid geben.

Frage ich meine Frau, ob ich ins Büro fahren darf? Frage ich sie, ob ich irgendwohin gehen darf? Ich werde ihr Bescheid sagen, wo ich sein werde, oder sie um Rat fragen. Also warum sollte sie meine Erlaubnis brauchen? Habe ich das Recht, ihr etwas zu verbieten oder zu erlauben? Nach meinem Verständnis ist das nicht der Fall. Wir sind beide Erben, die zusammengefügt sind. Wir sind gleichwertig, und nur einer ist ihr Gott. Er ist auch mein Gott. Wir leben zusammen und lieben einander. Wir sind Partner. Wir sind dazu geschaffen, miteinander Gemeinschaft zu haben. Ehemänner, ihr seid keine »Besitzer«, eure Frau ist kein Eigentum. Ehefrauen, auch ihr seid weder Meister noch Sklaven. Ihr seid Partner.

Meine Frau und ich haben den gleichen Vater. Wir sind Prinz und Prinzessin, wir lieben einander, respektieren einander und suchen Rat bei einander. Aber wir kontrollieren einander nicht. Wer bin ich, dass ich zu meiner Frau sagen könnte: »*Du darfst nirgends hingehen. Ich werde das nicht gestatten!*« Ich kann mir so etwas nicht einmal vorstellen.

Wir müssen verständnisvoll miteinander umgehen, andernfalls werden unsere Gebete behindert. Die Bibel sagt, dass Gott unsere Gebete nicht hören wird.

Ich sprach einmal mit einem Bruder und er sagte: »*Pastor Sunday, du verstehst das nicht. Wenn wir unsere Frauen nicht mit eiserner Hand regieren, dann werden sie uns auf dem Kopf herumtanzen.*« Dieser Mann begriff noch nicht einmal, dass er aus einem dysfunktionalen Hintergrund kam und die Mentalität eines Sklaven hatte! Er war in Fesseln gefangen, weil nämlich kein Mensch, der eine andere Person kontrollieren will, frei ist. Der Mann war das Problem, nicht seine Frau.

Genauso gilt: Wenn eine Frau über ihren Mann Kontrolle ausüben will, dann hat sie ein Problem, weil sie nicht frei ist und kein Selbstbewusstsein besitzt.

Die *dritte* goldene Regel ist die, dass du immer der erste sein sollst, der um Verzeihung bittet. Du solltest nicht darauf warten, dass dein Mann / deine Frau sich bei dir entschuldigt. Sei nicht stolz, denn Hochmut kommt vor dem Fall. Wenn du nicht demütig genug bist, um dich bei deinem Ehepartner zu entschuldigen, dann bist du nicht demütig genug, dass der Herr dich erhöhen könnte. Sich zu entschuldigen sollte für Ehefrau und Ehemann natürlich sein. Ihr solltet euch entscheiden, jederzeit bereit zu sein, Buße zu tun. Ich musste mich schon vor meine Frau hinknien und mit Tränen in den Augen um Verzeihung bitten.

Ich sagte einmal zu einem unserer Fahrer: »*Weißt du, was die Situation betrifft, die du mir eben geschildert hast, also* an deiner Stelle würde ich meine Frau auf den Knien um Entschuldigung bitten.« Rate mal, was seine Antwort war. »Das wird sie niemals erleben!« Ich sagte: »Du bist doch mein Fahrer. Bist du etwas Besseres als ich? Ich bin dein Pastor, und genau das würde ich tun.« Leider begriff er es jedoch nicht.

Wenn du zu »groß« bist, um dich bei deinem Ehepartner zu entschuldigen, dann heißt das zwangsläufig, dass du für Gott zu »groß« bist. Du bist zu »groß«, als dass er dir vergeben könnte.

Du solltest jederzeit bereit sein, um Vergebung zu bitten. Ich entschuldige mich ziemlich oft bei meiner Frau, auch dann, wenn etwas nicht meine Schuld war. Ich strebe danach, in meinem Zuhause Frieden zu haben. Ich kann nicht aus der Wohnung gehen, wenn meine Frau aufgebracht ist.

Hebräer 12,14
Jagt dem Frieden mit allen nach und der Heiligung, ohne die niemand den Herrn schauen wird;

Friede ... bleibe mit jedermann im Frieden, strebe danach. Bezahle jeden Preis, um in deiner Familie Frieden zu haben. Strenge dich mit aller Kraft an, Frieden zu suchen.

Manche Frauen sind so stolz, dass sie sich bei ihren Männern nicht entschuldigen können. Der Mann ist das Haupt der Familie. Wenn eine Frau verheiratet ist und ihr »Haupt« nicht um Verzeihung bitten kann, dann heißt das, dass sie es schlicht nicht wert ist, eine Ehefrau zu sein.

Heiraten bedeutet, die eigenen Rechte aufzugeben, die Überordnung des Ehemannes anzuerkennen und unter seiner Autorität zu leben. Daher ist eine Frau, die nicht Buße tun und sich bei ihrem Mann entschuldigen kann, nicht geeignet, überhaupt eine Ehefrau zu sein.

Die Bibel sagt, dass Sarah ihren Mann mit großem Respekt behandelt und ihn sogar »mein Herr« genannt hat. Bist du besser als Sarah? Natürlich darf der Mann das nicht einfordern. Gott erwartet, dass die Frau diese Erkenntnis empfängt und sich weise verhält.

Wenn du meinst, du seist zu »groß«, um deinen Ehemann als Haupt anzuerkennen, dann hast du eine selbstsüchtige Einstellung. Du lebst nur mit ihm zusammen, weil das für dich profitabel ist, nicht etwa, weil du eine Ehefrau bist. Du willst dich nur selbst erfreuen und deine eigenen Bedürfnisse erfüllen. Jede Frau, die bereit und gewillt ist, eine Ehefrau zu sein, muss zu allererst anerkennen, dass ihr Mann das Haupt ist und dass sie sich ihm unterordnet. Die Tatsache, dass eine Frau heiraten will, bedeutet, dass sie bereit ist, sich unterzuordnen. Was heißt es für eine Frau, zu heiraten? Es bedeutet, dass ihr Ehemann ihr vorangeht und dass sie ihm folgt.

Wenn du bereits verheiratet bist und es dennoch nicht schaffst, dich deinem Mann unterzuordnen und ihm zu folgen, dann bist du in Schwierigkeiten. Das ist ein echtes Problem, eine Tragödie und ein Unglück.

Frauen werden immer der Versuchung ausgesetzt sein, sich für gleichgestellt mit ihrem Ehemann zu halten. Obwohl ein

Mann und eine Frau in Christus gleich sind, ist der Mann dennoch das Haupt in der Ehe. Der Mann muss seine Frau als gleichwertige Partnerin behandeln, aber dennoch muss die Frau ihn als das Haupt anerkennen. Der Mann darf nicht seine Frau verachten und sich wie ihr Herr benehmen: *Ich bin hier der Meister, sie ist meine Sklavin.* Er muss seine Frau vielmehr als gleichwertig begreifen. Die Frau muss sich vor Gott als gleichwertig mit ihrem Mann sehen, aber in der Ehe muss sie ihn als Haupt anerkennen.

> *Lukas 16, 10*
> ***Wer im Geringsten treu ist, ist auch in vielem treu, und wer im Geringsten ungerecht ist, ist auch in vielem ungerecht.***

Das Geringste wird etwas Großes werden, wenn es bewahrt und gepflegt wird. Das Geringste hat die Tendenz, zu wachsen. Wenn du als Reinigungskraft in einem Büro arbeitest und deine Arbeit gründlich und sorgfältig ausführst, dann wirst du nicht in alle Ewigkeit Reinigungskraft bleiben. Eines Tages wirst du in genau dem Büro sitzen, das du sauber machst, eine verantwortliche Position einnehmen. Gott wird dich befördern. Wenn du dich weigerst, deinen Ehemann als Haupt anzuerkennen, hast du mit Sicherheit Eheprobleme vor dir.

Die *vierte* goldene Regel lautet, Verbitterung zu vermeiden.

> *Kolosser 3, 19*
> ***Ihr Männer, liebt eure Frauen und seid nicht bitter gegen sie!***

Dieser Vers aus der Schrift gilt nicht nur für Ehemänner. Bitterkeit darf niemals in deine Ehe und Familie hineingelangen. Schließe sie aus den familiären Beziehungen aus. Sie darf in deiner Ehe nicht einmal erwähnt werden. Verbitterung und Frust müssen aus eurer Beziehung vollständig ausgesperrt bleiben. Bitterkeit ist ein Gefühl, das die Liebe behindert, und daher gehört sie nicht zu Gottes Plan für deine Ehe.

Epheser 4, 26
Zürnet, und sündigt dabei nicht! Die Sonne gehe nicht unter über eurem Zorn ...

Die *fünfte* goldene Regel ist die, dass du niemals Groll in deinem Herzen festhalten solltest. Ich habe mich beispielsweise entschieden, niemals gereizt, beleidigt oder wütend auf meine Frau zu sein. Niemals! Das gilt nicht nur für meine Frau, sondern auch für alle anderen Menschen, egal, was jemand mir angetan oder wie sehr er mich beleidigt hat. Ich kann mich nicht erinnern, wann ich zuletzt Groll gegen jemanden festgehalten hätte. Das ist für mich ein gewaltiger Sieg über mein Fleisch!

Du musst in deiner Familie den gleichen Sieg erringen. Du solltest eine Entscheidung treffen, deiner Frau / deinem Mann niemals zu grollen. Es werden dir täglich Hunderte und Tausende Gründe begegnen, Groll zu hegen. Sei weise! Selbst wenn etwas passiert, was dich wütend macht, lass die Sonne nicht über deinem Zorn untergehen. Anders ausgedrückt: Du darfst nicht ins Bett gehen, solange Groll in deinem Herzen ist. Das ist eine Sünde und in Gottes Augen ein Verbrechen.

Wenn du mit dem Gedanken ins Bett gehst, »darüber zu schlafen und am Morgen ist alles besser«, dann irrst du dich. Du wirst dich morgens sogar noch schlechter fühlen, weil in deinem Körper bereits etwas geschehen ist. Der Groll hat sich schon in dein Lebenssystem hinein gefressen. Er zerstört dich und deine Familie bereits. Höre auf diese Anweisung, die Gott dir gibt: Lass keinen Groll bis zum nächsten Tag in dir bleiben.

Auch die *sechste* goldene Regel solltest du kennen: Lebe nicht im Argwohn oder mit Anklagen gegen deinen Ehepartner. Lass noch nicht einmal verborgen im tiefsten Herzen irgend eine Anklage oder einen Verdacht zu. Was auch immer in deinem Leben geschieht, dieser goldenen Regel solltest du folgen. Misstraut einander nicht, aus keinem einzigen Grund. Selbst wenn dein Partner dir untreu wäre, solltest du darauf warten, dass er / sie es dir bekennt, und dann wirst du vergeben müssen. Du solltest dich entscheiden, nicht argwöhnisch zu sein.

> *1. Mose 2, 24*
> **Darum wird ein Mann seinen Vater und seine Mutter verlassen und seiner Frau anhängen, und sie werden zu einem Fleisch werden.**

Ein Mann muss die Menschen verlassen, die ihm am liebsten sind, nämlich Vater und Mutter, damit er mit seiner Frau zusammengefügt, mit ihr ein Fleisch werden kann. Wie stark muss seine Liebe für seine Frau sein? Um ihretwillen verlässt er seine Eltern, die ihm das Leben geschenkt und ihn großgezogen haben! Darin ist die *siebte* goldene Regel einer glücklichen Ehe enthalten: Dein Ehepartner muss dir mehr wert sein als irgend etwas sonst auf der Welt.

Als ich einmal Gott im Gebet fragte, was wichtiger sei, der Dienst oder die Ehe, wies er mich auf diesen Vers aus der Bibel hin. Der Mann muss das Wertvollste verlassen, das er hat, seine Eltern, seine Mama und seinen Papa. Nichts darf zwischen Ehemann und Ehefrau stehen. Weder die Kirche / Gemeinde, noch der Dienst für Gott, noch die Arbeit und auch nicht die Eltern. Der Mensch muss alles verlassen! Gott sagte zu mir: *»Schau, ich befehle dem Menschen, seine Mama und seinen Papa zu verlassen, und die sind ihm doch das Liebste. Darum muss man auch den Dienst aufgeben, wenn der zur Barriere zwischen Ehemann und Ehefrau wird.«*

Du musst deinen Ehepartner wertschätzen, ihn / sie über alles andere in deinem Leben setzen, über alle Werte und Sehnsüchte.

Vater und Mutter und alles andere zu verlassen bedeutet auch, Fernsehen, Zeitungen, Gemeinschaften und Freunde zu verlassen. Gott verlangt von uns, dass wir wissen, wie man etwas verlässt. Das gilt für den Mann und für die Frau. Wir müssen alles andere verlassen, um zu einem neuen Ganzen zu werden. Darum ist es eine Sünde, wenn Frauen ihre Kinder mehr lieben als den Ehemann. Wenn ein Kind geboren wird, dann widmet die Frau ihm häufig mehr Aufmerksamkeit, gibt dem Baby mehr Liebe als ihrem Ehemann. Das ist eine Sünde. Du musst alles verlassen, einschließlich der Kinder, um ein gemeinsames Ganzes mit deinem Ehemann zu werden. Es darf nichts zwischen euch Platz haben.

Nun magst du sagen: »*Wie könnte ich meine Kinder verlassen! Das werde ich nie und nimmer tun!*« Du musst aber verstehen, dass du, wenn du sie nicht verlassen willst, nur warten brauchst, bis sie 20 Jahre alt sind und dich verlassen werden. Dann werden sich deine Augen öffnen, und du wirst erkennen, dass du eigentlich mit dem Ehemann deiner Jugend zusammengefügt sein solltest. Es darf nichts zwischen Eheleuten stehen, absolut nichts!

Alles verlassen und einander anhängen - was heißt denn das Wort »anhängen«? Das Wort steht da nicht zufällig. Es wurde ausgewählt, damit wir verstehen, dass es nichts zwischen Mann und Frau in der Ehe geben darf. Die *achte* goldene Regel lautet: Die Familie muss deine Priorität sein. Dann wird deine Ehe erfolgreich sein.

> *5. Mose 20, 7*
> ***Und wer ist der Mann, der sich mit einer Frau verlobt und sie noch nicht zu sich genommen hat? Er mache sich auf und kehre in sein Haus zurück, damit er nicht in der Schlacht sterbe und ein anderer Mann sie nehme.***

> *5. Mose 24, 5*
> ***Wenn ein Mann erst kurz verheiratet ist, soll er nicht mit dem Heer ausziehen, und es soll ihm keinerlei Verpflichtung auferlegt werden. Er soll ein Jahr lang frei sein für sein Haus und seine Frau, die er genommen hat, erfreuen.***

Es gibt noch eine *neunte* goldene Regel in der Ehe: Widme dich deiner Familie. Du solltest Zeit für sie finden, egal wie beschäftigt du bist. Einige Pastoren reservieren einen Tag pro Woche für die Familie. Jeder muss eine eigene Zeiteinteilung finden, die zu seinen Aufgaben passt. Es gab beispielsweise bei uns eine Zeit, in der ich zusammen mit meiner Frau die Entscheidung getroffen hatte, Dienstags, Freitags und Samstags nicht vor dem Mittag aus dem Haus zu gehen, sondern Zeit mit ihr zu verbringen. Und am Dientag, Freitag und Samstag blieb ich auch abends zu Hause. Inzwischen hat sich unser Rhythmus verändert, weil ich viel reise, aber wir legen immer noch großes Gewicht darauf, Zeit für einander zu haben. Wir schaffen Raum dafür. Das geschieht nicht von selbst.

Du musst, um es anders auszudrücken, dein Leben planen, damit du so viel Zeit wie möglich für deine Familie hast. Lass dich nicht überlasten mit Problemen am Arbeitsplatz oder im Dienst, sondern reserviere Zeit für die Gemeinschaft mit deiner Familie. Wenn du keine Zeit hast, dich deiner Familie zu widmen, nicht genügend Zeit mit deiner Frau und deinen Kindern verbringst, dann sind Familienprobleme unausweichlich.

Hier sind also die goldenen Regeln für eine glückliche Ehe:

1. Schreit einander niemals an.
2. Behandelt einander ehrenvoll und respektvoll.
3. Seid schnell bereit, euch als erster zu entschuldigen.
4. Geht nicht streng miteinander um, lasst Platz für die Freiheit.

5. Seid niemals wütend.
6. Verdächtigt einander nicht und klagt einander nicht an.
7. Schätze deinen Ehepartner höher als alles andere.
8. Die Ehe ist die Priorität deines Lebens.
9. Verbringe Zeit mit deiner Familie.

Nun folgen einige Ratschläge meiner Frau für die Leser dieses Buches.

Ratschläge für Männer

1. Deine Frau ist die Antwort auf viele deiner Fragen, und sie wurde erschaffen, um viel für dich zu tun. Sie ist voller Schönheit, Duft und Herrlichkeit, schenkt dir Befriedigung. Gott sieht sie so, und es ist deine Verantwortung, dass sie zu dieser Person wird.

2. Du darfst nie aufhören, deine Frau zu umwerben und ihre Sympathie zu gewinnen. Auch wenn du schon zwanzig Jahre an deinem Familienleben baust, musst du das immer noch täglich praktizieren.

3. Du musst für alle Probleme deiner Frau Verständnis und Mitgefühl zeigen, sie immer wieder ermutigen und unterstützen.

4. Sei ein Mann, der zu seinem Wort steht und die Versprechen hält, die er seiner Frau gegeben hat.

5. Von all den Frauen auf der Welt hat Gott dir die eine gegeben, die deine Ehefrau ist, und du solltest dein Möglichstes für sie tun. Doch wie könnte das gelingen, wenn du nicht regelmäßig Gemeinschaft mit ihr hast? Für eine Frau ist Gemeinschaft wichtiger als das tägliche Brot, ohne Austausch würde sie einfach zugrunde gehen. Das Prinzip einer Frau lautet: Lass uns zuerst miteinander reden, danach können wir essen.

Das Prinzip eines Mannes dagegen sieht so aus: Lass mich erst essen, dann können wir uns unterhalten. Die Gemeinschaft mit deiner Frau sollte nicht so etwas wie anstrengende Arbeit für dich sein, sondern euch beiden Freude machen und Vergnügen bringen.

6. Du solltest immer auf deine äußere Erscheinung achten, gepflegt, sauber und ordentlich sein, versuchen, deiner Frau zu gefallen.

Ratschläge für Frauen

1. Eine Ehefrau ist die Frau des Hauses. Alles in der Wohnung hat seinen Platz, und die Frau weiß immer, wo etwas hingehört. Sie weiß genau, wo Handtücher oder Löffel sind. Unglücklicherweise vergessen manche Frauen jedoch, dass auch der Ehemann genau das gleiche Recht am Haushalt hat.

2. Daher ist es wichtig, dass die Frau das Haus für ihren Mann gemütlich macht. Er sollte empfinden, dass er sich auf eigenem Territorium befindet und nicht nur zu Besuch ist.

3. Jede Ehefrau muss sich daran erinnern, dass sie mit ihrem Mann verheiratet wurde und nun ihm folgen und ihm dienen muss.

4. Jede Ehefrau muss eine demütige und unter-geordnete Frau sein. Wenn du eine Frau siehst, die sich unterordnet, dann weißt du, dass du eine starke Frau anschaust. Es verlangt einer Frau eine Menge Anstrengung ab, sich unterzuordnen. Es ist einfacher, mit hoch erhobenem Kopf herumzu-laufen, als das Haupt zu neigen. Daher ist die Position der Unterordnung unter den Ehemann ein Resultat von Stärke, nicht von Schwäche.

5. Die Ehefrau ist ein Fleisch mit ihrem Mann. Du musst mit ihm zusammen ein Ensemble bilden, das

gemeinsam wunderbar harmonische Klänge hervorbringt. Ihr dürft nicht »verschiedene Lieder singen«. Ihr müsst »das gleiche Lied« singen, zwar zweistimmig, aber in perfekter Harmonie.

6. Du musst immer ein »Schmuckstück« für deinen Mann sein, dich als Krone seines Hauptes verstehen. Genau diese Krone verleiht ihm Autorität. Die Autorität eines Mannes ist von seiner Ehefrau abhängig, und davon, wie sie sich gibt. Gott wird deinen Ehegatten zu einem großartigen Mann machen, zu einem König, wenn du seine »Krone« wirst.

7. Wenn du eine wahre Ehefrau werden willst, musst du tugendhaft sein und hart arbeiten. Eine wahre Ehefrau mag keine billigen Erfolge oder Dinge, die man ohne echte Anstrengung bekommen kann. Sie fürchtet Gott, versteht sich auf Gefälligkeit und Schönheit, sie genießt die Früchte ihrer Arbeit. Ihre Arbeit verherrlicht sie. Sie hat das Recht, sich selbst zu schätzen.

8. Du solltest immer nette Worte zu deinem Mann sagen, selbst wenn er einige Schwächen hat. Du solltest niemals deinen Ehemann dirigieren.

Ratschläge für Mann und Frau

1. Nicht alles wird von Anfang an glatt gehen. Ihr müsst geduldig sein und ein Gefühl für den richtigen Zeitpunkt entwickeln.

2. Betet für eure Familie und für einander.

3. Liebt einander zu jeder Zeit und lernt es, eure Liebe auszudrücken.

Eine Ehe wird nicht automatisch glücklich, sondern dazu bedarf es echter Anstrengung. Wenn ihr euch entschließt, eure Ehe zu einer glücklichen und erfolgreichen Beziehung zu machen, dann werdet ihr euer Ziel auf jeden Fall erreichen, während ihr darüber nachdenkt und daran arbeitet.

Möge Gott euch segnen und euch helfen, das zu schaffen!